Saizeriya
RISTORANTE E CAFFÈ

心」をやめると、
ビジネスも人生もうまくいくのか？

サイゼリヤの法則

サイゼリヤ創業者
正垣泰彦

KADOKAWA

はじめに

もしあなたが人生やビジネスで「うまくいっていない」のなら、それは自分中心に生きている証拠です。

残念ながら、この世界は、あなたを中心にできているわけではありません。

ビジネスも人生も、自分１人では成り立ちません。お互いにかかわりあい、与え合い、助け合い、分かち合って生きています。

あなたも、私も、この世界の中でつながっていますし（あなたは今、私が書いた本を読んでいます。サイゼリヤで食事したこともあるかもしれません）、全体の中の一部でしかない。そこに中心はないのです。

にもかかわらず、自分中心に生きていると、どうなるでしょうか？

「損得ばかりに目が行ってしまい、人が何を望んでいるかわからない」
「何度も同じ間違いを繰り返してしまい、反省して改めることができない」
「目の前の現実を受け入れられず、何かを成すことができない」
「逃げ癖がついてしまい、仕事にも人間関係にもじっくり取り組めない」

少しは、身に覚えがあるでしょうか？

自分中心に生きていると、迷いや苦しみといった不調和が生じます。
あなたを安らぎと成功に導くはずの「つながり」を自ら切り離して、ぽつんと1人孤立してしまうばかりか、この世界との軋轢《あつれき》や葛藤を生み出してしまうのです。

でも、大丈夫です。
この問題は、ほんの少し考え方を変えるだけで解決します。

それを一言で言えば、「自分中心」から「人のため」へのシフトです。

この本では、あなたがこの世界と調和して幸せになり、ビジネスも人生もうまくいく考え方をお伝えします。

■お客様のことだけ考えていたら、年2億人が来る店になった

私はサイゼリヤの創業者で、今は会長を務めています。

サイゼリヤは、実は、お金を儲ける気がまったくありません。

変わった会社だと思いますか？

1つ言えることは、もしサイゼリヤがお金を儲けるためにレストランをしていたら、世界1500店舗超、年間客数2億人超の、世界最大のイタリアンチェーンにはなっていなかったということ。

誰でもお腹いっぱいに食べられて満足できる「安くておいしい料理」を提供したい。皆さんを幸せにできる、役に立てる企業になりたい。

その一心で、私は今までやってきました。

原材料費高騰や物価高の中で、ほとんどのレストランチェーンが、値上げに踏み切っています。

それでも、サイゼリヤは値上げをしない。むしろ値下げする。同時に、もっとおいしくするために、何度も何度も味の改善を重ねています。

「会長、そろそろ値上げしたほうがいいんじゃないですか」

外部の方からそう言われることもありますが、私は「値上げをしません」と言い切ります。

なぜかというと、値上げはこちらの都合でしかなく、お客様のためにはならないからです。値上げをしてお客様に負担を求める前に、私たちが改善できることは無限にあるのです。

もしサイゼリヤが値上げをするとしたら、それはお客様が困らなくなったとき。お客様に経済的な余裕ができるまで、私は値上げに踏み切ることができないのです。

■「つながり」の中で、この世界が少しでも良くなるように

サイゼリヤは、「利益のことは考えない」「お客様最優先」という、ある意味では不器用な経営をしています。

私たちのやり方は、ビジネスの教科書に書いてあるセオリーや常識から外れているかもしれません。


それでも、サイゼリヤが成長・発展してこられたのはなぜでしょうか?

皆さんとの「つながり」の中で、人が喜ぶ方向に、この世界が少しでも良くなるようにと、ビジネスを展開してきたからです。

お客様からは最低限のお金をいただいて、お値打ちの料理を提供する。お客様から何ひとつ奪うことなく、むしろ与えることだけを考えている。

その結果として、この世界と調和できているからだと、私は思うのです。

後で説明しますが、この世界にあまねく広がっている「エネルギー」は、みんなが幸せになる方向に流れています。その流れに沿っているものは、不思議なことに、抵抗なくするすると進み、すべてがうまくいくのです。

「人のため」には、ある種の自己犠牲が伴います。

「もっと自分を大事にしよう」「ラクして儲けよう」というメッセージにあふれた今では、自己犠牲は流行《はや》らないかもしれませんね。

しかし自己犠牲こそ、実は幸せになる近道なのです。そこには、犠牲を何十倍も上回るほどの、圧倒的な「喜び」があります。

自分を犠牲にしているようで、実は何ひとつ犠牲にしていません。むしろ、もらっているもののほうが多いのです。

私は「人のため」と思うとき、心の奥から力が湧いてきます。

そもそも、自分が儲けたり得するよりも、人に喜んでもらうほうが、なんとなくうれしい感じがするはず。あなたもそう思いませんか?

■この世界のすべてが、あなたに加勢する

本書は、全5章で構成されています。

このうち最初の第1~3章は、サイゼリヤの基本理念「人のため、正しく、仲良く」に該当します。

サイゼリヤの経営は、けっして順風満帆《まんぱん》ではありませんでした。

絶体絶命のピンチのとき、迷い、苦しむとき……、私はいつもこの理念に立ち返ってきました。すると、進むべき道が見えてくるのです。

この理念に従って決断や行動をしたとき、どんな苦境であっても、乗り越えられなかったことは、一度もありません。

「つながり」の中で導かれ、物事が「みんなが幸せになる方向」へと進んでいく。この世界のすべてが味方として加勢してくれている……そんな心地がしたものです。


第1章は「利他」(=人のため)です。

「人のため」というのは、本書で最も根幹にある考え方です。「自分のため」では、曇ったメガネをかけているようなもの。

「人のため」なら、お客様や大切な人が何を望んでいて、どうすれば喜んでもらえるのかを、ありのままに見ることができます。

私たちはつながりの中で生きていますから、そのつながりの先にある「人」やこの世界すべてのことを思い、少しでも役に立とうと考えるのは、ごく自然なことではないでしょうか。

サイゼリヤがどんな思いで、どのように、ミラノ風ドリア(300円)をはじめとするお値打ちの料理を提供しようとしているのかをお伝えします。

利他の心で、「人のため」にできると、あなたはこの世界と調和していきます。オセロの黒が白へと一気に変わるように、ピンチはチャンスに、敵は味方へと変わっていくことでしょう。

第2章は「反省」（＝正しく）です。

しかし「人のため」というのは、そう簡単にできるものではありません。私たちの肉体や本能は、もともと「自分中心」です。放っておくと「自分のため」に戻ってしまい、怠けてしまうのです。

日々の反省と精神の力によって、「自分中心」よりも「人のため」を優位にしていきましょう。ポイントは、ほんの1％だけ優位であればいいということ。これを1日、1週間、1カ月、1年と継続していけば、大きな実りとなります。

また、結果が望ましくないときは、必ず考え方が間違っているということ。考え方さえ変われば、あらゆる「つながり」が生かされていく。考え方を変える絶好のチャンスだという点で、最悪こそがむしろ最高だということもお伝えします。

第3章は「調和」（＝仲良く）です。

目の前の現実を拒むことは、不調和をもたらします。すべてを最高だと引き受けて、感謝し、突き進んでいく人こそ、ロマンやビジョンを実現できるのだと思います。

良いことも、悪いことも、すべて最高のことが起こっています。なぜなら、すべてはエネルギーの流れと、過去の原因によって起こっているから。

嫌なことが起きたときこそ、むしろ感謝すべきです。それは過去のあなたの行いの結果であり、その原因となる「間違った考え方」を正し、成長していくチャンスなのですから。

嫌なことが起きたときに「自分を変えていくチャンスだ」「ありがたいな」と思えるようになれば、最高です。


第4章は「努力」です。

サイゼリヤは、生産性が高い企業と評されることがあります。そうなった理由は、「秩序」を保つための努力をしてきたからです。

「秩序」には2つの側面があります。

1つ目は、決まりをつくって自由を制約し、ムリ・ムラ・ムダが生じないようにすること。本当の自由とは、自由の制約の中にこそあるのです。

もう1つは、シンプル化によって努力の対象を絞り込み、少ない労力で大きな成果が得られるようにすること。一点集中をすることによって、競合がいない領域にまで進化していくことができます。

組織や人間は放っておくと、野菜と同じように腐ってしまいます。「人のため」を貫くには、第2章でお伝えする「反省」だけでなく、「努力」も必要なのです。

そして第5章は「法則」です。

私は、この世界において、「法則」を見出しました。

私のこれまでの80年近い人生や、約60年にわたってサイゼリヤを経営してきた経験、そして敬愛する母の教えに加えて、大学時代に専攻していた物理学の理論をもとに、「つながり」の中でおのずと導き出され、授かったものです。

なぜ物理学かというと、ビジネスも人間のあり方も、物理学の法則に基づいて説明できるから。ここでいう物理学の理論とは、熱エネルギーの法則、エントロピー増大の法則、天動説・地動説、ニュートン力学、量子力学、相対性理論などです。専門用語を出してしまいましたが、けっして難しいものではありません。私は学者ではありませんから、誰でもわかるようにお伝えできたらと思います。

私がこの世界で見出した法則のことを、「エネルギーの法則」と名付けました。

この世のすべては、あなたの思惑とは関係なく、刻々と動き、変わり続けています。

そこにあるのは、「変化」「流れ」「関係」であって（私はこれを「エネルギー」と言っています）、「中心」や「不変の実体」は存在しません。

そのため、何ひとつ孤立しているものはなく、みんなで調和へとゆるやかに向かっています。もちろん、嫌なことや苦しいこともありますが、エネルギーの流れによって起きているので、良いことも悪いこともすべて最高なのです。エネルギーの流れは、あなたを生かし、守り、導いてくれます。

「人のために＝利他」という心で、エネルギーの方向に進んでいけば、何の心配もありません。ビジネスや人生の困難はもちろん、老いや病気への不安や、死への恐怖ですらも、乗り越えられるようになるかもしれません。

■あなたはいつまで天動説を信じているのか

この本は、あなたの考え方や人生に、コペルニクス的転回をもたらします。

今まであなたは、天動説（＝地球中心説）のように、世の中の中心に自分がいると信じていたかもしれません。

しかしコペルニクスやガリレオが発見したように、この世界の本当の在り様は「地動説」。あなたはこの宇宙をぐるぐる回る、無数の星々の1つでしかないのです。

自分はちっぽけで、取るに足らない存在だった。

みんなと一緒にこの世界を漂い、たくさんの人たちに支えられながら、今まで生かされてきた……そうわかると、感謝の気持ちが湧いてきます。

贈り物を受け取っていたことがわかると、お返しをしたくなるものです。

そうして「人のため＝利他」の気持ちを持つことができれば、この世界と調和できるようになります。

迷いや苦しみがなくなり、停滞していた人生やビジネスが、するすると動き出していきます。

この本を読み終えたら、今まで「自分のため」に向けていた努力を、まずはほんの少しでもいいので「人のため」に振り向けてみてください。

「つながり」の中で、導かれるように……、この本があなたのもとに届いたことを、私は最高にうれしく思います。ありがとうございます。

あなたにとって、この本が「最高の出会い」になりますように。

正垣泰彦

もくじ

第1章 利他

第2章 反省

第3章 調和

第4章 努力

第5章 法則

「人のため」に生きていれば、すべてはあなたに味方する

第1章

利他

サイゼリヤの料理は、まずくて高い。

お客様に喜んでもらうには、けっして現状に満足しないこと。
欠点がわかるから、より良くできるのです。

「サイゼリヤの料理は、まずくて高い」

私がそう言うと、皆さんとても驚きます。

最初は冗談と受け取る方もいるようですが、そんなことはありません。

私は大真面目に、本気で「サイゼリヤの料理は、まずくて高い」「あんなまずいものを出してしまって、お客様に申し訳ない」と言っています。

その気持ちに嘘も偽りもありません。


安くておいしい料理を提供することで、日本中、世界中のすべての人に、豊かな食を届けたい。みんなに幸せになってほしい。

そう願いながら、私は60年間走り続けてきました。おかげさまで「安くておいしい」と評価していただけるようにもなりました。2024年2月現在、ミラノ風ドリアは300円、グラスワインは100円です。


でも私に言わせれば、まだまだです。

価格でいうと、理想はタダにすること。

寄付とボランティアに頼った無料食堂を運営することも、実は可能です。興味のある方は、『聖者たちの食卓』（２０１２年）というインドの寺院が舞台の映画を観てみてください。

しかし無料では会社を成長発展させられず、世界中の人に料理を届けられません。

そのためサイゼリヤは、あくまでビジネスとして、お客様に納得してもらえるお金をいただいて料理を提供しています。

私が言いたいのは、お金をいただくにしても、まだまだ安くできるはずだということ。味についても、もっとおいしくできるはずです。

「サイゼリヤの料理は最高だ！　安くておいしくて申し分がない」

もし私がそう言い出したらどうなると思いますか？

サイゼリヤの従業員は「もう努力しなくていいんだ」と、気を抜いてしまうでしょう。本来なら、価格も味も日進月歩で進化していくべきですが、現状維持すらできなくなってしまうかもしれません。

人とは本当に不思議なもので、どんなに能力が高くて優秀な人でも、努力をやめた途端に劣化・衰退してしまう性質があります。

私自身が、そしてサイゼリヤの従業員みんなが、今のメニューについて「まずくて高い」と捉えているからこそ、より「安くておいしい」方向へ、「人のために」「お客様のために」なる方向へと、少しずつでも向かっていけるのです。

ここで少し物理学の話をさせてください。

学生時代の私はアルバイトをしたりして、あまり勉強はしませんでした。でも専攻していた物理学がとても好きで、その考え方には大きな影響を受けています。

物理の法則を経営や人間の生き方に当てはめると、腑《ふ》に落ちることばかりです。

この「努力をやめた途端に駄目になる」という現象は、エントロピー増大の法則で説明がつきます。

エントロピー増大の法則とは、大まかに言うと「物事は放置すると、すぐに乱雑で無秩序で複雑な方向に向かい、自発的には元に戻らない」という原理のことです。

たとえば、いったん部屋が散らかり始めると、どんどん汚れ、物が増え、収拾がつかなくなることがありますね。それはエントロピーが増大した状態です。それを片づける、つまりエントロピーを下げるには、努力が必要になります。

このエントロピー増大の法則と同じで、「これでいい」と現状に満足したところから、人は乱雑で無秩序で複雑な方向に向かい、進歩できなくなってしまうのです。

「サイゼリヤの料理は、高くてまずい」

そう言い続けていると、自然と欠点が見えてきます。問題や課題と言い換えてもいいでしょう。

現状に満足してしまったら、欠点を見つけることもできません。**どこに改善、改革の余地があるのかを把握せずして、進化していくことは不可能なのです。**

私が「サイゼリヤの料理は、安くておいしい」と満足した瞬間から衰退が始まるのも、同じ理屈です。

ですから、その時点でベストの料理を提供することが大前提ではありますが、より高みを目指し試行錯誤を重ねなければなりません。

「私の手掛けた商品は、品質が悪くて高い」
「僕の携わったサービスは、使いづらくて高い」
あなたもぜひ、自分の携わった商品やサービスの欠点を見て、厳しく評価するようにしてください。

欠点から目をそらさず、自戒し続けていれば、有頂天になることはありません。

反省を繰り返し、「人のため」と努力を積み重ね続けたとき、真の意味でこの世界とつながり合うことができます。

その「つながり」によって、エネルギーが周りに伝播《でんぱ》して人が引き寄せられ、そのビジネスがなくてはならないものになっていくわけです。

とはいえ、私も「おいしい」と言ってしまうこともあります。

体調を崩して、10日間の入院をしたことがありました。ストレスがたまり気持ちが滅入っていたのでしょう、健啖《けんたん》家であるはずの私の食欲が、まったくなくなってしまったのです。

驚いた主治医が、病院の特別メニューを発注してくれましたが、それにも食指が動かない。贅沢《ぜいたく》な話ですが、ほんの少ししか箸をつけられなかったのです。

「正垣さん、どうにかして食事からも栄養を摂ってもらわないと困ります」

そう主治医に促された妻は、苦肉の策として、サイゼリヤの店舗を訪れました（もちろん、立場は一切明かさず）。テイクアウトをやっていなかったので、妻は注文した料理数品をこっそりと容器に詰めて、私の病室に届けてくれたのでした。

私はそれが何かを知らないまま、容器の料理に手をつけました。

すると、2～3人分はあろうかという料理を「おいしい、おいしい」と言いながら、あっという間に平らげてしまったのです。妻によると、青ざめていた私の顔は一気に血色が良くなり、「この料理は本物だ！」と賛辞を惜しまなかったとか。

食後に「黙っていたけど、これはサイゼリヤの料理ですよ。最後の晩餐だと思って……」と妻から告げられたとき、私は驚くと同時に、とてもうれしく思いました。

というのも、もしサイゼリヤの料理だと知っていたら、私はきっと「まずい」と言っていたからです。

驕《おご》ってはいけない、日々反省しなければならない。気を抜いてはいけない。だから、サイゼリヤの料理を「おいしい」と言ってはいけない。私は日々そう自戒していたのです。

でもあのときは、サイゼリヤの料理だと知らなかった。60年以上サイゼリヤをやってきて、初めてまっさらな心で味わうことができ、本当においしいと思いました。「おいしい」「本物の味だ」と、口に出して言うことができました。

「こんなにおいしいなら、もっと安く、おいしくしたい！」

そんな思いがあふれ出し、私はそれまで以上に元気になったのでした。

サイゼリヤの料理であることを黙ってくれていた妻には、感謝しています。

一番難しくても、一番喜んでもらえることをしよう。

一番愛される料理こそ、どんどん安くしていく。
自分の都合なんて、後回しでいいんです。

私たちは人の役に立つことで、この世界とつながり、調和していくことができます。みんなが幸せになるから、あなたも幸せになり、人生もビジネスもうまくいく、というわけです。

サイゼリヤは、昔から「人に一番喜んでもらえることをしよう」という気概でやってきました。「一番儲かることをしよう」ではありません。

では、お客様の立場で考えたときに、一番喜んでもらえることは何でしょう？

それは「安さ」ではないでしょうか。

もちろん、安くてまずいなら、当たり前。安いのに、おいしい。このおいしさで、この価格なら、大満足！

誰でもお財布を気にせず、お腹いっぱい食べて、飲んで、仲間たちと語らって、「ああ、楽しかったな」と満足して帰ってほしい……。

そのために私は努力をしてきました。

サイゼリヤは、創業期の「7割引き」から始まり（80ページ参照）、断続的に値下げをしてきました。

原材料費が高騰していても、サイゼリヤはほとんど値上げはしていません。むしろ値下げした商品もあるくらいです（もちろん、味も日々改良しています）。

さほど売れないものを安くするのは、比較的簡単です。

一方で、すでに何度も値下げと改善を経てきた人気商品を、さらに安く、おいしくしていくのは簡単ではありません。

しかし、これが最もお客様に喜ばれるのです。

サイゼリヤで最も売れている人気商品「ミラノ風ドリア」をご存じでしょうか。300円というお値打ち価格で、長年愛され続けている看板商品です。

そのルーツは1970年頃の従業員のまかない飯にまでさかのぼります。ライスの上にホワイトソース、ミートソース、粉チーズをかけたものを、常連客から「自分も食べたい」と要望されたのが誕生のきっかけ。

当初は裏メニューでしたが、あまりに評判が良いので定番メニューに昇格。480円で販売されるようになり、大人気商品に育ちました。

そして1999年11月。上場を機に290円に値下げしたところ、さらに爆発的人気となりました。

突然の大幅値下げに、飲食業界はびっくりです。そりゃそうです、原価率は上がり、客単価は下がってしまうわけですから。目の前の儲けのことだけを考えたら、なるべく高く買ってもらったほうがいいのは当然です。

経営という観点からは、1つもいいことはありません。

でも「お客様は必ず喜んでくれる」という確信があったから決断しました。

結果、売り上げ数量は約3倍に。ミラノ風ドリアは私たちの人気商品になり、お客様の数も激増したのです。

しかし、ミラノ風ドリアを290円にするのは、けっして簡単なことではありませんでした。

業者から仕入れていた食材を自社で生産する、海外に製造工場をつくるなど、従来の飲食店の枠組みを超えた改革による、製造直販体制（バーティカル・マーチャンダイジング）の構築。

日本よりも温暖な南半球のオーストラリアの牛乳を使うことで、ミラノ風ドリアのホワイトソースをより安く、おいしく提供できるようになりました。

そして、原材料がお客様のところに料理として届くまでのすべての流れから、ムリ・ムラ・ムダをコツコツと地道に排除していく改善。

290円で出せる仕組みをつくるには、この両方が必要だったのです。

話を戻しましょう。ポイントは、「一番売れている人気商品」の価格を一気に引き下げたこと。**一番難しいことこそ、一番喜ばれるものです。**

ここで少しだけ時間をとって、考えてみてください。

あなたの仕事で、一番喜ばれることは何でしょうか？

仕事だけに限りません。あなたができることで、家族や友人が一番喜ぶことは何でしょうか？

それはもしかしたら、一番難しいことかもしれません。

それでも、挑戦すれば核分裂が起きたかのような、飛躍のきっかけとなるかもしれないのです。

ぜひ挑戦してみてほしいと思います。

まずゴールを決めてから、後で帳尻を合わせていく。

一番お客様に喜ばれることを、理想として掲げましょう。
実現する方法を考えるのは、それからです。

私たちは、すべてにおいて「お客様に喜ばれること」を最優先にしています。そのため、価格設定をする際も、こちらの都合はいったん置いておいて、理想の価格を決めることから始めています。

価格の決め方には、2種類あります。

1つ目は、成り行き。

原価に、賃料や人件費などの諸経費、利益を上乗せして価格を決める積み上げ式の方法で、製造業で多く見られます。

「これくらい払ってもらわないと困る」という、売る側の都合で価格を決めていく方法です。利益もなるべくたくさん乗せて、できるだけ高くしたほうがいいと考えます。

もう1つは、指値《さしね》。

原価計算など細かいプロセスはすっ飛ばして、まず「お客様が満足してくれそうな価格」「売れる価格」を先に決めます。それから諸経費、必要な利益を逆算して原価を決め、後で帳尻を合わせていく方法で、チェーンストアでよく見られます。もちろんサイゼリヤは、こちらです。

あなた自身がお客様だと想像してみてください。480円のミラノ風ドリアがいくらだったらうれしいでしょうか？　喜んでお金を払いたくなるでしょうか？

仮に「300円になったら、お客様は喜んで払ってくれそうだ」という結論が出たとしましょう。

これで価格は決まりました。あとはそこに向けて帳尻を合わせていくだけです。

価格を安くするには具体的にどうしたらいいのでしょうか。これは3つの道しかありません。

仕入れを安くして原価を下げるか、運搬・貯蔵・加工コストを下げるか、作業のムダを省いて生産性を上げるか、そのいずれかです。

それに対するアプローチは、水平方向、垂直方向の2つがあります。

まず必要なのは、店舗数です。「チェーンストア理論」（177ページ参照）に沿って、店舗数を増やして水平展開し、以下のようにコストを下げていきます。
・一括大量仕入れで原価を安くする
・現場オペレーション以外の業務を本部に集中させて、店舗の運営コストを下げる
・すべての業務を「ＩＥ（インダストリアル・エンジニアリング）」の手法で科学して、ムリ・ムラ・ムダを省いて標準化する

店舗数が多ければ多いほど、安くておいしい料理を出すことができるのです。


そしてもう1つ重要だったのが、仕入れ先、調達先の問題です。

売価を決めたら、その条件に合う原料や工場、生産者などを地球上から探します。とはいえ、そんな取引先や業者は簡単に見つかるものではありません。また、店舗数が増加するにつれて、仕入れの量が増えすぎてしまい、業者から調達できる量では足りないこともしばしばでした。

「ならば、自分たちで農場や工場をつくってしまおう」という発想に至るのは、当然のことでした。

そして行き着いた先が、「製造直販業」です。

製造直販業とは、お客様に直接料理を提供する店舗を持つ企業が、レストラン運営にとどまらず、自ら素材開発→食材の生産→加工→配送→調理までの一連の流れを垂直統合型で一貫して行う形態のことです。

製造直販の最大のメリットは、品質と価格を自分たちでコントロールできること。間に人や業者が入るほど、ムラが生じやすくなり、コストもかさんでいきます。

ですから私たちは自ら産地に赴き、素材の開発、素材の採り方、保管の仕方、加工の仕方、輸送の仕方に至るまで、「すべて」の工程に踏み入り、品質の向上とムダの削減に取り組んでいるのです。

主なところでは、福島県白河市のサイゼリヤ農場で種や土壌・栽培方法の開発研究を、オーストラリアの自社工場でソースやハンバーグの生産を、そして国内各地の自社工場で加工・毎日配送などをしています。

私たちはそれを「バーティカル（垂直）・マーチャンダイジング」と呼び、それを手段として外食業の真の産業化を目指しています。

サイゼリヤではわずか十数店舗の頃から1000店舗を視野に入れ（水平展開）、60年構想で製造直販体制（垂直展開）を築いてきました。さらに人材と資産を蓄積して、それに厚みを持たせてきました。

当時の私が思う「安くておいしい」を実現するには、どちらも必要だったのです。それには、60年くらいかかりそうだということもわかっていました。

しかしそれが今や実現し、1500店舗を超えました。

もちろん、壁にぶち当たることもありますが、「人のために」実現させたいと願ったことは、不思議と叶《かな》っていくものです。

必ず「つながり」の中で調和していき、エネルギーに導かれていくように……、最終的には何とかなるものなのです。

あなたが実現したいことは何でしょうか？

まずは理想を打ち立てて、実現すると決めること。そのうえで、計画を立ててみてください。

何年かかっても大丈夫。その歩む道のりは、きっと幸せなものになるはずです。

大きなロマンとビジョンがあれば、自分中心にはなりえない。

人に笑われるくらいのロマンやビジョンを語りましょう。
きっと仲間が現れて、私利私欲に走る暇もなくなります。

「自分中心」という罠《わな》に陥らないための予防装置となるのが、ロマンとビジョンです。**ロマンとは、「こうしたい」という強い思いのこと**。私には、誰でも気軽に選んで楽しめる料理を提供したいという思いがあります。

ビジョンとは、そのために必要な数字。サイゼリヤの場合は、1万店舗です。自分を見失わないように、組織が誤った方向に暴走、迷走しないように、ロマンとビジョンをしっかりと掲げ、常に思い出す必要があります。


こう書くと、私がまるで聖人君子であるかのように思われるかもしれませんが、正直なところそうではありません。

特に若い頃、サイゼリヤ1号店を始めたばかりの頃は、欲の塊。**ずっと「ラクして儲けたい」とばかり思っていました**。とはいえ、お客様はまったく入らない。

起死回生のため、「これから伸びる料理」をヨーロッパへ探しに行くことにしました。そこで私は、ロマンを見つけることができたのです。


ヨーロッパ視察で、最後に訪れたのはローマでした。たまたま入った現地のイタリア料理店「リストランテ・マリアーノ」で、私は大きな衝撃を受けます。そこではお客様たちが小綺麗に身なりを整え、笑顔でゆったりと食事を楽しんでいました。

食事の内容も、もちろん素晴らしい。私はアラカルト（単品での注文）でしかイタリア料理を食べていなかったのですが、マリアーノでフルコース料理を頼んだところ、さまざまな気づきを得られました。食前酒から前菜、主菜、デザートまで味の調和が見事に保たれ、実に豊かです。水でさえ、ガス入りのものを選ぶことができ、バリエーションに富んでいます。

おまけに健康的でもあります。オリーブ油がふんだんに使われており、トマトなどの野菜や果物も豊富。「これがイタリア料理か！」と心の中で叫びました。

「この豊かな食事をお値打ち価格で提供し、日本の多くの人たちにも楽しんでもらいたい」というロマンが、私の中で生まれたのです。

多くの人にイタリア料理を楽しんでもらうにも、胸を張ってお値打ち価格だと言えるくらいまで安くするにも、かなりの店舗数が必要です。値段を抑えるためには、かなりのスケールメリットが求められることは、当時の私でもわかりました。

旅から戻った私は、「サイゼリヤを1000店舗つくる」というビジョンを掲げました。でも従業員は笑うばかり。「そんな馬鹿なことをよく言うな」と、まともにとりあってもらえないのです。

とはいえ、店を辞めるわけでもなく、みんな私についてきてくれました。後から聞くと、誰も「1000店舗」というビジョンは、「信じていなかった」「達成するとは思っていなかった」と言います。

もしかしたら、私の私利私欲ではないロマンやビジョンに触れ、そのエネルギーに無意識のうちに共鳴してくれたのかもしれません。

常連客も何人も、社員になってくれました。こちらが忙しくしていると、お皿やグラスを片づけてくれたり、注文を取ってくれたり、ドリンクを出したりしてくれる常連客がいたのですが、そのうちアルバイトになり、社員になり……と、仲間が増えていったのです。

ロマンとビジョンには、人をひきつけ、やる気にさせる力がある気がします。

ロマンとビジョンさえあれば、そこに私利私欲が入り込む余地がありません。

「一生かけても、二生、三生かけても、ビジョンは達成できないかもしれない」

そう思うと、ロマンとビジョンが指し示す方向だけにエネルギーを注ぐようになります。それはけっして自分中心にはなりえません。

1000店舗達成後の、私のロマンの1つに「飲食業の産業化」があります。

製造、IT、金融、商社……飲食業以外のあらゆる産業は、ビジネスとしての仕組みができ上がっています。「人が働いて、価値を提供し、利益を得る」という枠組みが、ある程度完成しているのです。

それに比べ、飲食業はどうでしょうか。産業化が遅れているから、長時間労働、低賃金が常態化しています。それでたくさんの人材が入ってきてくれるわけがありません。

反対に、産業化が進めば生産性は上がり、賃金も上がり、そこで働く人々は金銭的にも精神的にも幸せになれるでしょう。

課題が山積なので、私には私利私欲に走る余裕なんてありません。ロマンとビジョンを掲げて、いま生きていることに、私は感謝しているんです。

ところで、ロマンとビジョンの「条件」とは何でしょうか？

私は3つあると思います。

借り物ではない、あなたの心の内から出てきた願いであること。

その願いが、人に喜ばれ、人を幸せにするものであること。

ほかの誰にも真似できない、あなたにしかできないものであること。


これらの条件を満たしたロマンとビジョンを掲げて、努力をしているとき、あなたは本当の調和へと至ります。

突き抜けていったその先にあるのは、競合のいない、調和のとれた世界です。


あなたは、ご自身のビジネスにどのようなロマン（＝思い）を感じていますか？

また、そのためにどのようなビジョン（＝数値目標）を掲げていますか？

目先の私利私欲が見えなくなってしまうくらいに、壮大なロマンやビジョンを描いてみることをおすすめします。

「人のため」なら、物事をありのままに見られる。

「観察」「分析」「判断」「実行」を正しく行う唯一のコツは、それを「自分のため」にやらないことです。

すべてのことには、原因と結果があります。

結果を良いものに変えていくには、その原因に対する「観察」「分析」「判断」「実行」を適切に行い、その結果を起こしている原因を変えていかなければなりません。

しかし、自分中心に物事を見ていると、自分の都合や損得勘定、思い込み、こだわり、願望、コンプレックスなど……あらゆるエゴが入り込んでしまい、物事をありのままに見ることができません。

物事が、あなたの思い込み通りであることは、まずありません。

「こうあってほしい」と願ったところで、その通りになることもない。

今日正しかったことも、明日には変化して、間違いになってしまう。

「この世界は、あなたを中心にできているわけではない」

この真実を忘れてしまうと、「観察」「分析」「判断」「実行」のすべてが、事実とかけ離れた、見当違いのものになってしまいます。

明らかな問題が起きているのに、気づかないふりをしてしまうかもしれません。

また、よかれと思ってやったことが、実はお客様や大切な人たちから喜ばれないことだった、むしろがっかりさせてしまった……ということにもなりかねません。

当然、物事はうまくいかないので、不幸になってしまいます。

「自分のためにやればやるほど、自分のためにならず、むしろ苦しみに転じてしまう」というパラドックス（矛盾）の落とし穴に落ちてしまうというわけです。

欲望で曇ってしまった目を、晴らしていくにはどうしたらいいのでしょうか。

「人のために」「みんなが良くなっていくために」と、一切の執着を排除して、偏りなく物事を見ていけばいいのです。自分へのとらわれから解放されれば、視界がクリアになり、視野が開けてきます。

変化と調和の２つを同時に見ていくことを、私は「正しいものの見方」と呼んでいます。

世の中は絶えず移り変わっています。

原材料費や物価が上がっているのは、世の中の変化です。この変化に対応しようとすると、他社に追随して値上げをするのが正解ということになります。

しかし調和という観点で見たときに、それが正解だと言えるでしょうか？

物価が上がっているわりに賃金が上がっていない現状では、お客様は「より困っている状態」にあります。そんな中で、こちらの都合だけで値上げするのは調和に反することに気づきます。

すると「物価が上がっているからこそ、値上げをしない。むしろ値下げをする」という、1つの答えが見えてきます。

変化にとらわれすぎると、見失うものがあるのです。

かといって、今後賃金が上がっていき、お客様の懐《ふところ》にも余裕ができたときに、「頑《かたく》なに値上げしない」というのも、実は変化を無視しすぎています。

安さや値下げだけを目的にしてしまうと、必ず無理が生じます。
賃金が上がるということは、人件費も上がるということ。当然、コスト改善の余地は無限にあるものの、むやみやたらに安さだけを追求すると、無理が生じてお客様に粗悪品を出してしまいかねません。

安さも値段も、あくまでお客様に喜んでいただくための手段でしかない。
そのために、お手頃価格のお値打ち品を出そうとしているのであって、その「お手頃感」というのも常に変化しているわけです。

サイゼリヤでいうと、「つくって売る人」の立場ではなく「食べる人」の立場になって考えるということです。
自分たちの都合や気持ち、損得は置いておいて、この世が変化していく中で、お客様がいま何を求めているのかを、お客様の目線で考えていくこと。

しかし、これが本当に難しく、そう簡単にできるものではありません。

私も油断していているとつい、自分の都合で見ていることに気づかされ、そのたびに反省しています。

「自分のために」「自分中心で」と考えてしまうのは、人間の肉体による本能です。そういう本能が備わっているのは事実なのですから、ある意味仕方ないこと。

あなたの中にある自分中心的な習性を認めたうえで、「だからこそ、人のために生きなければ」と願い、謙虚に努力することによってのみ、少しずつそうなっていくものなのです。

みんなが良くなっていくことを考えれば考えるほど、みんなのことが好きになっていきます。すると、充実感や満足感、幸福感などに満たされ、生きていることへの感謝の気持ちまで湧いてきます。

それに、自分のためではできないことも、人のためだと何倍もの力が湧いてきて、できてしまうものです。

「人のためであるほど、自分のためにもなる」というパラドックスが、あなたを押し上げてくれるでしょう。

創業記念日は、誰も祝わない。

人生の持ち時間は、皆、平等に有限です。
どうでもいいことは手放して、大切なことに集中しませんか。

「より安く、よりおいしい料理を提供し、お客様に喜んでもらうこと」

そう考えて、そこにすべてのリソースを投入してきたのがサイゼリヤです。

反対に言えば、この2つに関係のないことは、どうでもいいと思っています。


サイゼリヤは、埼玉県吉川《よしかわ》市と東京都中央区に社屋を構えています。**東証プライム上場企業のわりには質素ですし、さほど広くもありません。**

新しくてきれいな一等地のビルを借りても、立派な自社ビルを建てたとしても、お客様のためにはなりません。そんなお金があるなら、少しでも安くするか、おいしくするか、お客様が喜ぶことに使うべきです。


また、サイゼリヤでは、会社の創業記念日を祝ったりはしません。**それがいつだったか、忘れてしまうほど、私たちにとっては「どうでもいいこと」なのです。**事実、何人かの社員に聞いてみましたが、答えられない人ばかりでした。

もちろん、創業記念日を盛大に祝っている企業もあることでしょう。それが悪いことだとは思いません。創業時の思いや理念を、全社で再確認し共有するいい機会になることは、間違いないでしょう。

でもそれが、お客様のためになるでしょうか。

全社員の時間を半日、丸一日と拘束するのは、大変なことです。**それだけの人員と時間があるなら、通常通りにお店を営業するか、お客様に還元するための業務改善活動を行うほうが、よほどお客様のためになると私は考えています。**


私も創業初期は、創業記念日を祝う席を設けたことがありました。みんなで集まって飲食をするなら、どうしても店舗の営業時間と重ならざるをえません。

すると、一緒に創業を祝いたい功労者や、責任感の強い従業員ほど現場に残って欠席するという、矛盾した現象が起きてしまったのです。もちろん社命で祝いの席に呼んでいるわけなので、来てくれた従業員を責める気持ちはありません。

それでも、その不公平感から、祝いの席を設けるのはやめました。


サイゼリヤは広告を出したことがありません。

広告を出して、お客様がたくさん来ても、喜ぶのはお店や企業のほうでしょう。**そ**

れより、料理を安くしたり、おいしくしたりしたほうがお客様のためになるはずです。

もちろん、広告を出せば、一時的に客数は増えます。しかし、それは現場の疲弊や、ムリ・ムラ・ムダの温床になりかねません。

それに、広告を出すための部署をつくれば、人件費も家賃もかかってしまいます。


そして１つ、広告を出さないことのメリットもあります。

広告を出さないと、経営がシンプルになります。味と価格の満足度が客数に直結するので、サイゼリヤが今どれくらいお客様に喜ばれているのか、客数を見れば一目瞭然なのです。一方、広告を打つと客数の変動要因が増えて複雑になってしまいます。

広告や販促などは、サイゼリヤにとっては、どうでもいいことなのです。


どうでもいいことにとらわれていると、秩序が乱れて、シンプルな力強さが失われます。煩雑さや悩み、苦しみが生じ、エネルギーがどんどん奪われてしまうのです。

人のため、お客様のためになること。そこに集中しましょう。それこそが、調和へとつながる、正しい態度なのです。

「人のため」なら、無限にエネルギーが湧いてくる。

苦しいときこそ、人の荷物を持ってあげましょう。自分の中に潜んでいたエネルギーが燃焼し始めます。

やるべきことが山積みで、苦しいとき。

頑張りたいのに、頑張れないとき。

それを「自分のため」に、やろうとしていませんか？

「人のため」と思えば、どんなに疲れていても、エネルギーが無尽蔵に湧いてくるものです。


「人のため」を別の角度から言うと、「自己犠牲」という言葉になります。

誤解を招きやすい言葉なので、あまり使いたくはないのですが、あなたを信頼してこのまま話を進めましょう。

今は個人主義的な考え方が強くなってきています。個々人のさまざまな権利も、昔より守られるようになりました。「それなのに、自分を犠牲にするとは何事か?」と、違和感を持ち、疑問に思う人もいるかもしれません。


「人のため」つまり「自己犠牲」は、一見、自分を犠牲にしているようでいて、実はとても大きなものを得ているのです。

いま自分がしていることが、人の役に立っている。救われている人がいる。

そうわかるだけで、胸の奥に温かいものが広がって、エネルギーが不思議と湧いてきて……、苦しいことも最後までやり遂げられたりします。


「生きていてよかったなあ、俺もまだ捨てたもんじゃないよなあ」


自分の心の奥底から、本当の意味での喜びが湧いてくる。

その喜びは「自分が役に立てた」という充実感、達成感のようなものです。

人間とは面白いもので「自分のため」という動機では、なかなか頑張りにくいもの。かくいう私も本来は怠惰ですし、すぐにラクな道を選ぼうとしてしまいがちです。

でも「サイゼリヤを生涯の勤め先として選んでくれた仲間がいる」と思うと、「どこにそんなパワーがあったんだ？」というくらい、元気になれるのです。


私は身体を鍛えるために、仕事が終わった後にマラソン10㎞と、休日には従業員とともに山登りをしていました。

重たい荷物を背負って、けっして歩きやすいとは言えない山道を、かなりの距離歩いていくわけです。

息は苦しいし、足は震えている。もう歩けない……。

解決策は1つしかありません。誰かの荷物を持ってあげることです。

すると、不思議なことに力が湧いてきて、再びスタスタと歩けるようになるんです。

いま自分が背負っている荷物を、誰かに背負ってほしいくらい疲れている。そんなときこそ、誰かの荷物を背負っていく。

矛盾しているように思いますか？

私がまだ若い頃、厨房《ちゅうぼう》で仕事をしていたときのことです。

忙しくなるとずっと働き通しで、朝から晩まで食事を摂れないことがよくありました。調理をしながら、お腹がグーグー鳴っている。何か食べたくてたまらない……。

でもお腹を空かせているのは、ほかの従業員も同じです。

そんなとき、まずは、従業員に先に食べてもらう。

その従業員が私にお礼を言って、キッチンを出ていくと、さっきまでの空腹感が嘘のように消えていきます。もうひと踏ん張りも、ふた踏ん張りもできるのです。

そうして疲れ果てて、家に帰るために電車に乗って座ったとき、目の前におばあさんが立っていたとします。

もうくたくたですから、気づかないふり、寝たふりをしてやり過ごしたい。これが正直な気持ちです。

しかしそれでも、「どうぞ」と声をかけ、席を譲ってあげる。どれほど疲労困憊《こんぱい》だったとしても、「ありがとう」と一声返してもらっただけで、疲れなんて吹っ飛んでしまうものです。

「人のためなら、無限にエネルギーが湧いてくる」

思い返してみると、このことを私に教えてくれたのは母でした。

私がまだ大学生だった頃のこと。駅前を歩いていると、母が募金活動をしていました。私を見つけた母は、こう言いました。

「おい、お前も募金していきなさい」

まあ、たまには募金でもするか、と思って10円玉を入れようとしたところ、母は私を見てこう言ったのです。

「違うよ、いま持っているお金を全部入れていきなさい」

当時はお金がなかったので、財布に入っていたのは数千円程度。それでも、私にとってはとても貴重なお金です。

でも母が本当にニコニコしてそう言うので……、若干の葛藤はありながらも、全額を募金箱に入れました。

するとどうでしょう、**外側からではなく、内側から温かいものが広がってきて……なんとなく気分がいいんです。**

もちろん、損得勘定や打算は、社会を生きていくうえで必要かもしれません。それでも、見返りを求めてする行いは、私にとってあまり気分が良くないのです。

「人のため」とは、かかわりあいながら、その関係性の中で生きているこの世界と調和していくことにほかなりません。

そのような利他的な姿勢は、目に見えない力——エネルギーの力としか言えないものを引き寄せ、思わぬ成果を与えてくれたりします。それがこの世の常なのです。

リーダーシップとは、仲間のためを思って働くこと。

「リーダーのために頑張ろう」という思いを共有しているチームは、とてつもなく強いものです。

ビジネスパーソンであれば、ある程度の年数が経つと管理職＝マネージャーという立場を任されることがあります。組織としての目的を達成するために、リーダーシップの発揮を求められることも多いでしょう。

仮に「◯◯長」という役職がついていなくても、だんだん後進を指導し率いていく立場を期待されていくものです。プロジェクトチームのような形で、取引先など社外のスタッフをまとめる職務に就いている人もいます。

一般的に、リーダーシップとは、指導力、統率力、組織を維持しながら成果を出す能力を指すようです。周りをグイグイと引っ張っていく、メンバーの尻を叩《たた》いて働かせる、そんなイメージもあるかもしれません。

しかし私は、それはリーダーというものを表面的にしか捉えていないと思います。

真のリーダーシップとは、周りの人を奮起させること。この人を助けたいと思ってもらうことです。

問われるのは、能力ではありません。人格や人間性です。

リーダーの研修を受けたからといって、必ずしもリーダーシップが身につくわけではないのは、そのためです。

自分の至らなさを謙虚に自覚し、弱さを認め、周りに優しく接する。「自分のため」ではなく「仲間のため、お客様のため」に一生懸命に働く。

そうした姿を見て、周りの人は何を思うでしょうか。

「あの人を支えたい、助けたい！」

「力になれるように、私も頑張ろう！」

胸に込み上げてくるものを感じて、やる気と元気が湧いてくるのではないでしょうか。

自分のためには頑張れなくても、人のためなら、その何倍も頑張れてしまうもの。

「リーダーのために頑張ろう」という思いを共有しているチームが、とてつもなく強いのは、そのためなのです。

サイゼリヤを創業して60年、私は本当にたくさんの人たちに助けられてきました。創業時に私を支えてくれたスタッフは、今でもサイゼリヤの社員として働いてくれています。

まだサイゼリヤを始める前のこと。大学生だった私は東京・新宿三越前の「渋谷食堂」でアルバイトをしていました。

私はこのアルバイトが、ものすごく楽しかった。同じ職場で困っている人を助けてあげると、すごく喜んでくれるからです。

一番きつくて、一番不人気で「皆が逃げ出す」という皿洗いを「やらせてくれ」と願い出たり、「意地悪だ」と評判のおばちゃんを休憩させてあげたくて、彼女の分まで皿を洗ってあげたり、急なおつかいを喜んで引き受けたり、重いゴミ袋を4階から1階まで運んだり（そのとき、3階からゴミ出しをしていたコックの見習いが、後のサイゼリヤ専務の山本慈朗です）、シフトが17時からなのに、わざわざ14時に行って、他のスタッフを無給で手伝ったり……。

また、調理場のコック長に頼まれて馬券を買いに行くと、「かわいいやつだな」と包丁の使い方や魚のおろし方まで教えてもらえたのです。調理の奥深い世界に触れた私は、アルバイトがよりいっそう楽しくなりました。

「こんなに仕事が楽しいんですから、教えてもらっている間は無給でいいです」

そう言って、私は渋谷食堂に入り浸っていました。


ですから、大学4年になり「卒論を書くためにアルバイトを辞めたい」と願い出たとき、そのコック長がこんな言葉をかけてくれたのです。

「お前は食べ物屋の素質がある。独立してやったらどうだ」

コック長は私を何度もおだててくれるうえ、ついにこう切り出しました。

「俺たちもここを辞めてお前についていく。だから一緒にやらないか」

そこで父に相談し、買い取った店が千葉県市川市にある洋食店「フルーツパーラー・サイゼリヤ」、つまり後のサイゼリヤ1号店だったというわけです。


とはいえ最初は苦労の連続です。何せお客様が入らない。

私は厨房に入って料理をつくりましたし、駅前で宣伝用の看板を身にまとうサンドイッチマンも務めました。十分な給料を払えないようでは、自分を信じてついてきてくれた従業員に申し訳が立たないと感じたからです。

仲間のためなら、体がどんなに疲れていても、頑張ることができました。

もしあなたが「俺のために、お前が動け」というリーダーシップをとっているなら、行き詰まり、壁にぶち当たっている感覚があるかもしれません。

いっそ、それを逆にしてみてはいかがでしょうか。

「みんなのために、あなたが動く」のです。そうすると、みんながあなたのために動いてくれるようになるかもしれません。

口下手でも、内気でも、あまり機転が利かなくても、大丈夫。

「人のため、正しく、仲良く」（これはサイゼリヤの基本理念です）を実践していくだけで、誰でも優秀なリーダーになれます。私が保証します。

なぜならそれが、「つながり」の中でみんなが幸せになれる、唯一の正しい方向だからです。

寿命がわずかというとき、最後の晩餐はサイゼリヤで。

あなたの仕事が、最高に人のためになっているシーンを想像してみてください。きっと力が湧いてくるはずです。

あなたは、日々の仕事を漫然とこなしてはいませんか？

世の中のすべての仕事は、何らかの形で「人のため」になっています。

あなたの仕事が、どのように「人のため」になっているのか。

そして、どんなシーンでお客様に選ばれ、役に立ちたいのか。

具体的なイメージや、願いを持つことは、あなたが今後仕事を続けていくにあたって、きっと大きく背中を押してくれる力となることでしょう。


サイゼリヤのビジネスに、私は次のようなイメージを持っています。

誰もが安心して注文できるくらいに安くて、「ああ、おいしかったな」と思ってもらえる料理を提供し、世界中の人々に少しでも幸せになってほしい、と。


あるとき、とある従業員から、次のような手紙をもらいました。

――末期がん患者のお客様がいます。その方は治療のための入退院を繰り返し、食生活まで節制を強いられ、おいしい食事とは無縁の生活を送ってきました。

しかし、あるとき多くの仲間を連れてサイゼリヤに食事に来てくれたのです。その方は、１杯１００円のワインを皆にすすめ、自身も何杯も飲み干し、酔って上機嫌になりながら、「これまでありがとう」と泣いていました。

私は「サイゼリヤをやっていて本当によかった」と思いました。

人は、本当に安くておいしいものを食べているとき、腹を割って本音を言える気がしています。１人１万円以上もする高級レストランでは、どんなにおいしい料理とワインがあっても、落ち着かない気持ちになる人も多いことでしょう。

お会計を心配することなく、おいしいものを心ゆくまで食べて満たされたとき……、普段は見せない胸の内を、大切な誰かに見せたくなるのではないでしょうか。

それはもしかしたら、懺悔《ざんげ》なのかもしれません。

「これまでありがとう」というような感謝はもちろん、「いつも悪いと思っていた」「あのとき、迷惑をかけて申し訳なかった」というような懺悔の気持ちが、素直に出てくる気がします。

古今東西の文化を見ると、「懺悔」に似た儀式や教えが存在します。心理学の世界でも、その人のあやまちを聞くことで病気を治すという考え方があります。

共通しているのは、懺悔によって苦しみから解放されるという考え方です。

サイゼリヤが心の内を吐露できる場になっているなら、これ以上の喜びはありません。

私はサイゼリヤを、お客様が「最後の晩餐」に選んでくれるレストランにしたい。

そのためには、安さという安心感、おいしさという喜び、そのどちらも欠かせません。

少しでも理想に近づきたいと願いながら、私たちは日々迷いつつも邁進《まいしん》しています。

あなたは、あなたのビジネスが、どんなシーンで、どのように「人のため」になっていてほしいですか？

ぜひ一度考えてみてほしいと思います。

第2章 反省

「自分は間違っているかもしれない」と思う人ほど、正しい

結果が良くないときは、必ず自分が間違っている。

行き詰まりを感じたときは、考えを「逆」にすること。
現状を打破する大きなヒントになるはずです。

望み通りの結果が得られなかったとき、あなたは見て見ぬふりをしていませんか？「運が悪かった」「あいつのせいだ」と自分の非を認めなかったり、「何かの間違いだ」と現実を直視しないようにしていませんか？

自分なりの方法に固執し続けようとしてはいませんか？

結果そのものを軽視したり、疑ったりする姿勢は、浅はかで、傲慢《ごうまん》なものです。極めて非科学的な態度でもあります。

その結果がどのようなものであろうと、あなたが気に食わないものであっても、まずは謙虚な気持ちで受け入れなければなりません。

そして、そこから軌道修正を行っていく。事態をより良い方向に好転させられるよう、あらためて観察、分析、判断、行動を積み重ねていくべきです。

そこからしか、成功は生まれません。

良くない結果は「方法が不適切であった」と、私たちに教えてくれています。ありがたいことだと、感謝するべきではないでしょうか。

「結果が良くないときは、必ず自分が間違っている」

私がこの法則に気づいたのは、事業を始めて比較的早い時期のことでした。

1967年、サイゼリヤの1号店を出した頃。最初はお客様に来ていただけず、「わけのわからないものを出しているらしい」という悪評しか立たなかった時期がありました。

「駅から近くもない、商店街の長屋の2階」という最悪の立地。

「昼間から閑古鳥が鳴いている」という最低の客足。

そんな状況に頭を抱え、疲弊しきっていた私に、驚くべきアドバイスをしてくれた人物がいました。それは、私の母親です。

驚くべきことに、母は「最悪」の立地と「最低」の客足について、「お前にとっては最高のことなんだよ」と言い続けてくれたのです。若かった私には、母の本意がしばらくの間、まったく理解できませんでした。

しかしあるとき、私は3つのことに気づいたのです。

1つ目は、「サイゼリヤのメニューは、どれもうまい」というのは完全な勘違いで、実は「まずい」ということ。

2つ目は、「サイゼリヤの価格は安い」というのは思い込みにすぎず、実は「高い」ということ。

3つ目は、「最悪だ」と信じていた店の立地は、「最悪」なんかではなく、母の言う通り実は「最高」だったこと……。

サイゼリヤの1号店は、実際のところ、確かに商売には向いていない立地でした。だからこそ、たくさんの工夫や改善を重ねることができたのです。

その結果として、サイゼリヤの強みである「低価格、高品質、高生産性」に向けて努力することができた。私はそう理解しています。

現在、サイゼリヤは海外も含めて1500店舗以上を展開しています。

もし1号店が「商売に向いている立地」だったら、どうなっていたでしょうか？

街場のレストランで終わっていたかもしれません。

普通の料理を出していても、立地が良ければお客様は来ますから、工夫も改善も必要がないのです。

母が何度も指摘してくれたように、商売に向いていない立地に店を出したことは、偶然とはいえ非常にラッキーだった。ようやく、そう気づけたのです。

とはいえ、現状「さしておいしくないメニュー」を、劇的においしくするのは至難の業でした。

でも、私にすぐできることがありました。

それは値下げです。お客様は1円でも安いほうがうれしいに決まっています。

最初は、まず全体的に価格を3割下げました。しかし、客足は変わりません。

次に、5割引きに踏み切りました。つまり半額セールです。それでも、お客様の数は増えません。

そこで、お客様に来ていただきたい一心で、7割引きにしたところ、突然お客様が

殺到し始めたのです。客数でいうと、それまでが1日5～10人だったのが、7割引きにしてからは1日なんと約500人。

7割引きセールは、当時は大赤字でした。それはまさに文字通り、採算度外視の出血大サービスだったのです。

ですが、新規のお客様が増え、リピーターになってくださる方も増え、徐々に粗利が出てくるようになると、経営も安定するようになりました。


私たちの頭の中に浮かぶ考えは、だいたい「自分中心」のもの。

それをやめるためには、いったんその考えを逆にしてみると、真実に近づけます。


優秀だと思っていた自分は、実はまだまだ力不足なのかもしれない。

最悪だと思っていたあの人は、実は私にとって最高かもしれない。

あなたも、一度このように「すべて逆なのだ」と考えてみてください。

人生に行き詰まりを感じている人は、突破口を開くきっかけになるはずです。

反省しているとき、心は最高に穏やかになる。

反省できると「まだ捨てたもんじゃないな」と思えます。自分のことが、前よりも少しだけ好きになっていきます。

反省とは、自分の至らなさを見つめることです。見たくないものを見て、認めたくないものを認めていく。人によっては、つらいことかもしれません。

たとえば、取り返しのつかないことをしてしまったとき。それを反省しようとすると「なぜ、あんな失敗をしてしまったのか……」と、傷口にわざわざ塩を塗り込むような気持ちになってしまうかもしれません。

でも本当に、反省とは、苦しいことなのでしょうか。

私は、反省をしているときが人生で一番幸せです。

心は最高に穏やかで、「もういつ死が訪れてもいいな」と思ったりします。

なぜなら、反省によって、今この瞬間、自分が正しい方向に向かっていることが、はっきりとわかるから。

間違っている方向に向かっているときは、そうとすら気づかないものです。

逆に言えば、「間違った方向に向かっている」ことがわかれば、あとは軌道修正をすればいいだけ。それは「正しい方向に向かっている」も同然ではないでしょうか。

もちろん、明日は何が起こるか、誰にもわかりません。

それでも、今この瞬間だけなら、正しい方向に進んでいるかどうかがわかります。

「自分が今、確実に正しい方向に進んでいる」

これを確認できる唯一の行いが、反省なのです。


人間とは不完全なものです。

「やってはいけないこと」をやり、「やらなければいけないこと」からは逃げ続け、怠けたがる。そういう自分中心の本能を持っています。

「お酒の飲みすぎは駄目だ」と思っていても深酒してしまったり、健康被害を知っていながら喫煙習慣から抜け出せなかったり……どうしようもない生き物なのです。

反省しなければ、本能によって、自分中心の方向へ引きずられてしまいます。

しかし反対に言えば、反省をすることによって、「人のため」に生きることだってできるのです。

反省とは、階段を1つ上ること。

人が成長し、進化する瞬間とは、良い結果が出たときではありません。褒められたときや、自己満足に浸っているときでもありません。

悪い結果が出て、反省をし、「自分が正しくない」「自分中心で、独りよがりになっていた」ということがわかった瞬間こそ、確実に成長しています。

失敗してしまったのなら、その原因である考え方を変えていけばいい。

もちろん、また同じ失敗をしてしまうかもしれませんが、階段を1段上った分だけ、「人のため」という視点で事後対応ができるかもしれません。これは十分な成長です。

反省とは、毒素を抜いていくこと。

思い通りにならないこの世界で、自分中心に生きていくことは苦しみをもたらします。反省とは、自分中心という毒を抜いていく治療行為のようなものでもあるのです。

私は起床直後の「1人反省会」を日課にしています。

「あのとき出した指示は、間違っていたのではないか」

「打ち合わせで、誤解を与えてしまったのではないか」

「説明不足で、相手を混乱させているのではないか」

「人のため、正しく、仲良く」というサイゼリヤの基本理念と自分の言動を照らし合わせ、それができているかをチェックしています。


どうして朝なのかというと、まだ寝起きで頭がぼんやりしているので、自分中心の私利私欲が入りにくいからです。

本当は日中の活動時間帯に、その都度反省できればいいのですが、次々とスケジュールをこなさなければならないので、私にはその余裕がありません。

まずは1日を一生懸命に過ごすこと。それから、次の日の朝に1日分をまとめて振り返り、反省するというわけです。


この世界は、あなたを中心にできているわけではありません。

思い通りにならないことばかりです。生きていれば、自信を失うようなことばかり起こるでしょう。

たとえ人生がつらくても、反省し続けている限り、「自分もまだまだ捨てたもんじゃないな」と思えます。


間違えてしまったけれども、間違いを素直に認められるだけの謙虚さがある。

反省している今この瞬間、正しい方向に向かっていることがはっきりわかる。

自分のことが好きでいられる。

これはとても幸せで、ありがたいことだと思うのです。


そして、反省ができるのは、かかわりあっている皆さんがいてくれているからですね。何のかかわりもなく、1人で生きていたら、成功も失敗もありませんから、反省のしようがありません。

間違った考え方を直すきっかけを与えてくれたことに感謝の気持ちが芽生えてくれば、みんなのことが好きになって、この世界と調和していきます。あなたの心は、ますます穏やかになっていくでしょう。

反省を積み重ねることこそ、幸せな人生を紡《つむ》いでいくことなのです。

たった1％だけでいいから、本能に打ち勝とう。

100％人のために生きることは、凡人には不可能です。
少しずつ反省しながら、歩んでいきましょう。

人は、何のために生きていると思いますか？

私なりの答えですが、1つ目は人の役に立つため、困っている人を助けるため。

そして、自分中心で苦しんでいる人に、「人のため」が幸せへと至る唯一の道だと教えてあげるため。


そして2つ目は、反省するためです。


「反省なんて、そんなに大事なことだろうか？」

もしあなたがそう感じたならば、自分中心に生きている証拠です。


私たち人間は「肉体」と「精神」という2つの要素からできています。

肉体とは、欲望のままに求め、「自分のため」に生きようとし、自分だけラクや得をしようとする本能のこと。私たち人間は、生まれてすぐに感覚が発達します。その感覚が喜ぶことを求める本能が備わっているのです。

精神は、理想を追求しようとします。**よりよい人間として、努力を重ね、人のため**

に生きようとします。

私たちは常に、肉体と精神が戦い続けているのです。「自分のため（肉体）」と「人のため（精神）」の間で、悩み、葛藤し、もがき、反省を繰り返しつつ、あくせくしながら生きていく。これが人生なのでしょう。

「肉体」と「精神」。どちらが優勢かは、刻々と変化しています。私のある日の例を紹介します。

・朝はまだ頭がぼんやりしているので、肉体が30％、精神が70％（＝精神優位）

↓

・午後は頑張って、肉体が49％、精神が51％（＝わずかに精神優位）

↓

・夕方からは少し眠くなり、肉体が60％、精神が40％（＝肉体優位）

このように刻々と変化しつつ、せめぎ合い、1秒単位、1日、週、月、年単位でも、傾向としてどちらかが優勢になっています。

目指してほしいのは、精神が「51%」という、ほんの少しだけ肉体より優位な状態。

「肉体が50%、精神が50%」というフラットなところから、精神がほんの1%多い「51%」であることが大事です。

たった1%でいいので、自分の力を「正しい方向」に振り分けられれば、必ずあなたの人生は良くなる方向に進み始めます。

51%でいいなら、できそうな気がしてきませんか?

1つ気をつけてほしいことがあります。それは、人生が肉体と精神の戦いだからといって、肉体を完全に打ち負かそうとは考えないこと。

我欲にとらわれず、人のためだけに尽力できる人になれたら、どんなに素晴らしいことでしょう。

ですが、肉体が0%、精神が100%(=完全な精神優位)に生きるのは、絶対に不可能です。

肉体を否定して、0%にすることを目指すべきではありません。それは死ぬことを意味します。

私たちは、生きるために自分の「肉体」の求めにある程度は応じ、肉体を健やかに心地よく保ってやる必要があります。そうしないと、「精神」を働かせることは難しいのです。

健やかな「肉体」こそが、「精神」を十分に働かせるための土台なのです。

さらに言うと、肉体はけっして悪者ではありません。

影があるから光があるように、自分中心の「肉体」が求める悪い方向があるから、正しい方向がわかる。

正しい方向がわかるから、「精神」が「肉体」を監視することができて、人のために、少しでもまともになろうと努力することができる。

私たちが反省をし、進化していけるのは、肉体があってこそ。

なにも私は、禁欲的で窮屈な、面白みのない人生を歩めと言っているわけではないのです。

あなたが自分の力を、たった1%でも多く、正しい方向に注ぎ続ければ、仲間や周りの環境が自然と加勢をしてくれます。

最悪だと思っていたものが、最高に転じていきます。

かかわりあい、変化し続けるこの世界に、あなたが調和し始めたからです。


半分の50%から、ほんの1%多いだけ。

大したことないように思うかもしれませんが、この1%がとても大切です。

なぜなら、たとえゆっくりではあっても、正しい方向に向かっていることは間違いないからです。

方向性さえ正しければ、日を重ね、月を重ね、そして年を重ねるごとに、あなたは、ますます良くなっていきます。

たった1%でも「人のため」と努力し、進化し続けていくことこそ人生の意義ではないか、と私は思うのです。

「人のため」と正しい方向に向かっているか、日々反省しながら、歩んでいきましょう。

私、正垣泰彦は怠け者で自分勝手、愚かな人間だ。

人間は誰しも、自己中心性を持っています。
その事実を見据える人だけが、それを超えていけるのです。

「私ほど怠け者で、自分勝手で愚かな人間はいない」
「だから少しでも、まともな人間になりたい」
これは、偽らざる私の本音です。

私たちサイゼリヤは、お客様に「安くておいしいもの」だけを提供しようと決めています。

値上げはせず、むしろ値下げをする。そして、値段よりもずっとおいしい、お値打ち商品を提供する。その方針のもと、60年以上も努力し続けてきました。

しかし一方で、「ラクして儲けたい」という誘惑があるのも事実です。

たとえば、サイゼリヤの人気商品であるミラノ風ドリアを、300円から350円に値上げすると、どうなるか?

値上げするのですから当然、ミラノ風ドリアの出数は確実に減ります。

でも粗利は、大幅に増えるでしょう。企業として儲けることだけを考えたら、値上げしたほうがいいに決まっています。

でも私たちはそれをしません。なぜなら、お客様のため、人のためにならないからです。


サイゼリヤがフランチャイズ出店をしていない理由が、そこにあります。

フランチャイズとは、加盟金やロイヤリティを払ってもらうことを条件に、外部の人にサイゼリヤを出店・経営してもらうことです。

仮にサイゼリヤの理念に共感して、お店を始めてくれたとしても、サイゼリヤが薄利な商売をしていることに変わりはありません。

「値上げして、もっと俺たちを儲けさせろ」と言われても、期待に添うことができません。加盟店の人に喜んでもらえるシステムを提供できないわけですから、サイゼリヤは今のところ直営店のみです。


私や皆さんの中では、「肉体」と「精神」が常に戦っています。

「肉体」は感覚→感情→欲望に支配されているため、「不快」なことを本能的に嫌い、できるだけ自分自身を快適にしようとします。

一方、「精神」には限界がないため、理想を果てしなく追うことができます。そこで次のような現象が起こります。

「精神」が理想に向かおうとするのに、欲望まみれで自己中心的な「肉体」が邪魔をするのです。

卑近な例で言うと、「生活習慣病になりたくないから、カロリー摂取を抑えよう」と精神で思っていても、肉体は欲望に負けてどんどん食べてしまう。そして、「また食べてしまった」と自己嫌悪に陥る……。そんな現象です。

肉体を制御するのがどれほど難しいことか、あなたにもきっと覚えがあるはずです。

肉体を制御し、乗り越えていく。

それは人間の「進化の過程」なのではないかと考えています。

物質に感覚が備わって、植物へと進化する。さらに感情や欲望を獲得して、動物へと進化。そこに知性や精神が加われば、人間になる……というわけです。

しかし人間は本当に、知性や精神を自分のものにできているでしょうか。

感覚や感情、つまり肉体が生み出す欲望に振り回されてばかりですよね。私たちはまだ進化の途上にあるからこそ、努力しなければならないのだと思います。

「私ほど怠け者で、自分勝手で愚かな人間はいない」という言葉の正体は、私の肉体です。

私たち人間は本来弱いものですから、易きに流れてしまいがち。自分の駄目さ加減を正しく認識しなければなりません。

「私はもう十分に頑張っている」「私ほど偉い人間はいない」などと自分を高く評価し、満足した瞬間から、堕落が始まっていきます。

私は満足すると、逆に不安を感じます。

なぜかというと、反省し、進化していくための材料がないからです。**少しでもまともな人間になりたいのに、どこへ向かえばいいかわからなくなってしまう。**迷子になってしまったように感じてしまうのです。

「肉体」と「精神」の間で葛藤や対立があるからこそ、人間は進化できます。「自分はまだまだ駄目だなあ」と反省し、ときに自己嫌悪しながらも、「明日こそは頑張ろう」と進化できるわけです。

このように心がけ次第で自己を向上させられる点が、人間の素晴らしいところです。人間は本来誰でも、自分を律し、己に克《か》つ能力を持っています。己に克つことを「克己《こっき》」と言います。克己とは、自分の中にある弱い心をはねのけ、強い心で理想に向かって進んでいくことです。

この先ずっと戦っていくなんて、大変だと思うかもしれませんね。

せめて今日1日だけ、「人のため」と頑張ってみませんか。

あまり先のことは考えなくて大丈夫。たった1%でも、精神が肉体よりも優位であれば合格です。

そして今日1日が終わったら、明日もまた「今日1日だけ、まともに生きてみよう」と願うのです。

考え方を「逆」にすれば、それはだいたい正しい。

世の中は、残念ながらあなたを中心に動いていません。天動説から地動説へと、移行していきましょう。

自分中心をやめるというのは、大きなパラダイムシフト（当然と考えられていたものの見方や考え方が劇的に変化すること）です。

私はこれを「天動説」から「地動説」への移行にたとえています。

仕事でも人間関係でも、結果が思わしくないときは、「世界は自分を中心に回っている」という考えにとりつかれているものです。

ですから、考え方を次のように変えてみてください。


「残念ながら、世界は私を中心に回っていない」

「自分は世界の一部でしかなく、みんなと一緒に回っている」


それだけで、事態は面白いように好転し始めます。その理由を天動説と地動説にたとえて説明してみましょう。

「自分中心」の考え方は、まさに「天動説（＝地球中心説）」です。

天動説とは、ご存じの通り「私たちが住む地球は宇宙の中心にあって、太陽や月をはじめとするすべての星々が、地球の周りを回っている」という世界観のこと。２世紀のエジプト・アレクサンドリアの天文学者プトレマイオスの考えがもとになっていて、その後１４００年もの間、信じられ、そこに疑問をさしはさむ人はいませんでした。

その後、16世紀に提唱されたのが、「地動説」です。

ポーランド生まれのコペルニクスが１５４３年の著書で「地球やその他の惑星が太陽の周りを回っている」という「地動説」をとなえました。そう考えると、惑星の動きなどを無理なく説明できるからです。

この説は、当時カトリック教会からも異端として否定されていました。

確かに、星空を見上げてみると、地球が中心にあるような気がします。当時の文化や観測技術を考慮すれば、天動説を支持する気持ちも理解できます。

一方で、「地球は人間が住む特別な星である」「すべての天体は地球のしもべである」

という人間のエゴが根底にあったことも間違いないでしょう。

地動説を前提とすると、天文学における無理、矛盾がどんどん解消されたことから、17世紀、ようやく「地動説」が確立します。「地動説」は、今の私たちが知っている宇宙のあり方を解明し、到達する大きな一歩となったのです。

コペルニクスに始まる発見は人類の宇宙観や世界観を一変させたので、「コペルニクス的転回」という言葉が生まれました。

地球は宇宙の中心ではないことを発見し、受け入れたとき、天文学は、そして科学は、大きく発展しました。これはあなたの人生やビジネスにおいても、まったく同じことが言えます。

あなたは、この世界の中心ではない——このことを受け入れたとき、初めて、あなたの人生やビジネスは、幸せになる方向へと動き出していくことでしょう。

それは、「自分中心」から「人のため」へのシフトです。

現代でも、「相手の立場」に立って考えなさいとよく言われますね。でも、それほど難しいことって、実はないんです。

紛争を長年続けている国同士なんて、視点を変えることが双方にとって難しすぎて、議論も対話ももはや成り立たないわけでしょう。

では、いったいどうすれば、相手の立場に立った「見方」へと変えられるのでしょうか?

私がたどり着いた結論は、考えを真逆にしてみること。

いくら頭でわかっていたとしても、人間は自分中心の「天動説」で見てしまうもの。それを承知のうえで、自分の考えを真逆にしてみると、正しくなることがよくあります。

平らに見えたこの地球は本当は丸いし、2万km先にいる人は、実は上下さかさまになっている。そういうものなのです。

自分が「正しい」と思うことは、たいてい「間違っている」。自分が「間違っている」と思うことが、意外と「正しい」。

「自分の考え」にこだわりすぎないで、これくらい柔軟に構えておけばいいのです。すると、自分中心の殻から抜け出し、正しい方向へと進むことができます。

私自身もサイゼリヤの視察をしているとき、ふと「つくる側」「売る側」の立場で見ていることに気づきます。こんなに何度も「人のために」と、あちこちで言っているにもかかわらずです。

人間は不完全なのですから、そんなものです。そんな弱さも含めて、自分が大したことのない愚かな人間だと思っておきましょう。

そうすると自分の考えに固執しないですむので、「あ、自分中心になってしまっていた」とすぐに気づいて、「人のために」と切り替えていくこともできるのです。

目に映るすべては、メッセージを発している。

いま起こっていることはすべて、あなたの心のあらわれ。
この世界はメッセージに満ちあふれています。

何か失敗をしてしまったとき、良くないことが起こったときは、当然「二度と繰り返さないようにしよう」と反省するべきです。

しかしもう一歩踏み込んで、「その出来事が何を意味しているのか？」と問うてみると、深い気づきに恵まれることがあります。

サイゼリヤの経営が順調なとき、決算が良かったとき……私はどうしても「自分中心」になってしまいます。

「粗利益率が低いのに、ちゃんと利益が出ている」

「お客様のために値上げをせずに頑張ってきて、正解だった」

事実としては、間違っていません。しかし、こうも思ってしまうのです。

「儲けるために、安くしたんだ」

そのように明らかに浮《うわ》ついた気持ちで過ごしているときに限って、何かトラブルや問題が発生します。

私はハッと我に返り、「この出来事は、私に何かを教えようとしているのではないか？」と考えるのです。

安くておいしい料理を提供すれば、お客様が喜んで、たくさん来てくれる。安ければたくさん注文してくれますし、売上が増えていくから、利益も出て儲かる。

それは、起きている現象としては間違っていません。

しかし「儲けるために安くした」という考え方は、自分中心ですから間違っています。私たちが「安くておいしい」を追求してきたのは、何のためだったでしょうか？

利益のためではありません。お客様に喜んでもらうためです。お財布を気にせずに、お腹いっぱい食べて飲んで、幸せな気持ちで帰ってもらうためです。

でも、好業績に浮かれて、私たちは「自分中心」になってしまったのです。

「誤った考えに早く気づきなさい」

この世界にあまねく広がる「エネルギーの意志」のようなものが、そう教えようとして、トラブルや問題を仕向けた……。私はそう捉えています。

今あなたの目の前にあるもの、起こっていることはすべて、心のあらわれです。

何ひとつとして、人のせいにできるものはありません。

たとえば私がサイゼリヤの店舗を見に行って、掃除が不十分だったとしましょう。

私はけっして従業員を責めたり、叱ったりしません。

掃除が不十分ということは、掃除をする暇がなかったということ。もしくは、教える暇がなかったのかもしれない。いずれにせよ、何か余計なことをさせてしまっているはずです。

その原因をつくってしまったことに対して、私にも責任があります。私自身の自覚が欠如していたことを認識し、反省するのです。

自分が嫌な思いをしたときや、苦しんだときは、すべて自分の責任と受けとめて反省することです。

この世界は、反省のチャンスに満ちあふれています。

今日起こった些細《ささい》なことでもかまいません、あなたにとってどんな意味があるのか、ぜひ考えてみてください。

すべての失敗や挫折は、やり残した課題を終えるチャンス。

組織において、誰でも不遇の時期はあるもの。急がなくても、大丈夫。挫折を経験した者は強くなるのです。

サイゼリヤでは、1年間に全店長の5％が店長の補佐に戻ります。店長としてのリーダーシップ能力が不十分で、評価基準に満たなかったのです。

しかしその後、店長補佐から再び店長に復帰する人が多数存在します。

そんな「3歩進んで2歩下がる」ようなプロセスを経た人には、共通して大きな特徴があります。**それは、人として大きく成長しているということ。**

昔の仕事の進め方を反省しているため、前とは違って格段に仕事の質が上がっています。また、仕事ができない人たちの気持ちが手に取るようにわかるため、良い指導もできるのです。

それは、自分を省みるかけがえのないチャンスです。挫折したことがない人にはないものを持つ希少な人材に、価値がないわけがありません。

実際に、店長の補佐が集まるアシスタント会議では、元店長らに、こんな声がけをよくしています。

「あなたたちは将来、社長や役員になれるから、頑張ってほしい。期待している」

それは、うわべの優しさや温情などからくる叱咤《しった》激励ではけっしてありません。過去の経験則をもとに、事実を伝えているだけなのです。

そのときの能力が同期に及ばないことで悩んでいる人は、少なくありません。でも、それは長い目で見ると「微差」です。気に病むことなどありません。

人が成長するには、時間がかかります。すべての経験や「つながり」を生かしていけば、大丈夫。

どのような立場に置かれようと、「人のため」を第一にコツコツ頑張り続ければ、年齢を経てから能力が向上することは間違いありません。

というのも、一度でも辛酸を舐《な》めたり、不遇な時期を経験した人は、慢心とは無縁で、後から強くなれるからです。

反対に、持ち前の要領の良さや時の運などで過大評価され、油断した人が、30代、40代を過ぎて伸び悩んだり、風向きが悪くなったり、何らかの理由で突然失脚する、というケースはよくあります。うまくいっている人ほど、ウサギとカメのたとえ話のように、油断せず努力することが大切です。

私に言わせれば、順風満帆の人より、挫折の最中《さなか》にある人のほうが、はるかに幸せで、恵まれています。

なぜなら、反省という大きなチャンスを与えられているからです。

私は、反省とは幸せに至る唯一の道だと考えています。

自分が今、正しい方向に向かっていることを確認し、その喜びをかみしめる。そして、「自分中心」から「人のため」へと、考え方を軌道修正していく、ただ1つの方法だからです。

反省のない人生に幸せも実りもありません。

左遷されても、クビになっても、会社が倒産しても……どんな最悪に思えることも、すべては反省の材料にすることができます。最高のことが起こっているのです。

失敗して、「自分中心」になってしまっていたことを反省し、もう一度「人のため」

と奮起したとき……、その純粋な気持ちに水を差すかのように、さまざまな問題が出てくるかもしれません。

「お客様のために、一生懸命動いているのに、なぜこんなに問題が起こるんだ?」

「失敗から学んだと思ったのに、一難去ってまた一難……」

せっかくの思いが、削《そ》がれるような気持ちになるかもしれません。

でも、問題が出てきたら、しめたもの。本当の幸せまで、あと少しです。

そこでしっかりと踏みとどまってください。なぜなら、その課題は「過去のあなた」が蒔《ま》いた種だからです。

過去のあなたの行動の結果、反省しなければいけないこと。

過去のあなたの行動の結果、後始末しなければいけないこと。

それらが、時を経て押し寄せてきているだけなのです。そんな時差（タイムラグ）が生じてしまうのは、仕方のないこと。

なぜなら、それはあなたが最も進化できて、最もあなたのためになる最高のタイミングで、満を持して、起こっているからです。

いつ、どんな形で目の前に現れたにせよ、それはあなたに与えられた課題です。どうせ逃れられないのですから、気持ちを切り替えて、ありがたく反省材料として受け取って、その課題をやり終えてしまいましょう。

反省しながら逃げずに頑張っていけば、やがて困難も困難ではなくなり、「人の役に立てる」という喜びが心から湧き出てきます。楽しくて仕方がなくなってきます。そのまま「人のため」という動機に突き動かされて進んでいくと、目標がおのずと達成されていきます。

不利な条件がいつのまにかクリアされていたり、頼れる仲間が増えたり、社会情勢が味方してくれたり……。「つながり」の中で調和していくことで、〝見えない力〟があなたを守り、加勢してくれるのです。

さまざまな形で、現実が動き始めていくことでしょう。

サイゼリヤがつぶれたら、それは喜ばしいこと。

もしあなたが、世の中を良くしたいと考えているのなら、自分よりも優れた人に、拍手を送りましょう。

私は「サイゼリヤなんてなくなってもいい」と思っています。
倒産して、サイゼリヤという名前がこの世から消えても、私はかまいません。形あるものは必ずなくなる。歴史から見ても明らかです。

もし将来サイゼリヤがなくなるとしたら、サイゼリヤよりも安くておいしい料理を出す企業が出てきたからでしょう。

それは「この豊かな食事を、日本の多くの人たちに楽しんでもらいたい」という私たちが叶えられなかった夢を、ロマンを、別の企業が叶えてくれたということ。

お客様の目線で考えてみてください。おいしく豊かな外食の体験を享受できるなら、どこの企業のおかげでもいいはずです。

安くておいしい料理が食べられることは、このうえない幸せですから、世の中は確実に良くなっています。それは、この社会全体という視点で見れば、間違いなく「良いこと」です。

もしあなたが「競合他社に負けそう」「後輩に抜かれそう」などと不安を感じてい

るなら、それは自分中心になっている証拠です。

「その思いは人のためになっているか?」と、自分に問いかけてみてください。競合他社のほうが顧客に価値を提供できているなら、それはいいことです。後輩のほうが、会社や仲間のために貢献してくれているなら、それは喜ばしいことではありませんか。


「どうぞ、優れたほうを選んでください」

人のためを願うなら、そんな謙虚な気持ちになれるはずです。

すると、欲で曇っていたあなたの目は晴れていきます。お客様が何を望んでいるか、はっきり見えてくるでしょう。

謙虚な気持ちになれたからといって、あなたが選ばれるとは限りません。それでも、不安でいっぱいだったあなたの心は調和へと向かい、少しは穏やかになっているはずです。


あなたがこの世界と調和して、正しい方向にエネルギーが循環し始めると、不思議

なことに、すべてが味方してくれるようになります。

何かに導かれているかのように、新しい出会いがあったり、思いがけない出来事が起こったり、「最悪」が「最高」に転じたり……。予想外の方向に、状況が開けていくこともあるかもしれません。

それでも、あきらめたくない。そんな気持ちがあふれてきたなら、まず真っ先にしてほしいことがあります。

まずは、結果を謙虚に受け止めること。望ましくない結果が出ているとき、必ずあなた自身に原因があります。きっと努力が足りなかったのでしょう。

「自分たちは、安くておいしい店をつくれなかったから、他社に追い抜かれてしまったのだ」と反省すればいいだけです。

もし再挑戦したいのなら、より喜ばれる店を目指して反省し、もう一度頑張ればいいのです。やり直すチャンスは、いくらでもあるのですから。

第3章 調和

「目の前にあるものが最高」と思える人ほど、遠くへ行ける

あなたが出くわすものは、すべて「最高」だ。

現実を拒むことは、変化や調和を拒むこと。
今、最高のことが起こっています。進化できるチャンスです。

「人間関係に問題のある今の職場で、仕事をいつまで続けられるだろうか？」

「尊敬できない上司の下で、これから何年も働けるだろうか？」

「同期の仲間や後輩に先を越され、自分の居場所が見えてこない」

「身を粉《こ》にして働いているのに、結果が出せず、身の置きどころがない」

「自分のいる業界全体が、沈みかけている」

「忙しすぎて、家族と過ごす時間がとれない」

「恋愛にあこがれているのに、出会いのチャンスがない」


実はこれらの迷いは、すべて1つの考え方で解決します。なぜなら、右に挙げた迷いの根っこは1つにつながっているからです。

それは、いま目の前にある現実を、拒んでいるということ。

それではこの世界と調和するどころか、葛藤や分離をもたらします。これでは、ますます悩みが増えていくばかりで、何事もうまくいきません。

しかしこれらの迷いは、考え方を根本的に変えることで、一気に解決します。

その考え方とは、「今、目の前にあるものが最高！」というもの。

これは、どのような局面でも力を発揮して、人生を好転させてくれる、汎用性の高い人生の黄金ルールです。

「今、目の前にあるものが最高！」とは、傍観主義でも楽観主義でもありません。

どんなことも、それを「最高のことが起きた！」と引き受けていく。すると、人生の「生産性」が驚くほど上がっていきます。

サイゼリヤは「生産性が高い」と評価いただくことがあります。

それは、「今、目の前にあるものが最高！」という私の人生哲学がうまく働いたためだと言ったら、言いすぎでしょうか？

もう現実として起きてしまったのですから、「嫌だなあ」「めんどくさいなあ」なんて嘆いたり、現実逃避するのは無駄です。生産性の低い態度だと言わざるをえません。

あなたも、そう思いませんか？

目の前の現実を拒んでいる人に、成果を挙げることはできません。幸せになること

もできません。それよりも、

「これが最高のことだとしたら、私にとってどんな意味があるんだろうか？」

「これが最高なのだとしたら、私はどうするべきなのか？」

と即座に考えて、少しでもよりよいほうに向かうように行動することが重要です。

「今、目の前にあることが最高！」と自覚することができれば、悩むことがなくなります。なぜなら、悩みのほとんどは、目の前にある現実を拒むことから生じるからです。

悩むことでエネルギーをロスしないので、冴えた頭と、落ち着いた温かい心、よく動く堂々とした体で、1歩2歩と歩みを進めることができます。

その行動が、くよくよ悩んでいたときより着実に、成果として実ってきます。

そうすると、何が起こると思いますか？

一見「最低」だった出来事が、後で振り返ってみると「最高」としか言えなくなってくるんです。**この世界が、あなたの人生が、「最高」だらけになっていく。**

1967年、当時大学生だった私は本八幡《もとやわた》（千葉県市川市）の商店街にある長屋の2階で、イタリア料理を提供し始めました。これが後のサイゼリヤ1号店です。

その店は、「最悪」まみれの条件からスタートしています。

当時、イタリア料理はあまり知られていませんでした。イタ飯と言われ広く知られるようになったのは、1980年代後半のこと。

おまけに、長屋の1階の八百屋が、野菜を載せた台を店の周りにずらりと陳列しているため、2階のサイゼリヤへと続く階段が見つけにくいし、入りにくい。入口のテントの下で商売をしていたアサリ屋も入口をふさいで、正直なところ邪魔でした。

集客面から見ると「最低」としか言いようのない状況です。

しかし私は、クレームひとつつけませんでした。では、どうしたか？

まず、八百屋の野菜でサラダをつくりました。

サラダは火を通す必要もないので、調理も手軽。何より、1階に八百屋という貯蔵庫があるようなものですから、いつでも新鮮なものが手に入ります。

そして、アサリ屋のアサリで「ボンゴレビアンコ（イタリアンで有名なアサリのスパゲティ）をつくろう」と思ったわけです。

この「ボンゴレビアンコと野菜サラダ」という、目の前のものを生かしたコンビが一気に目玉メニューとなり、価格の安さも手伝ってか、お客様が殺到し始めました。

後でわかったことなのですが、八百屋とアサリ屋が、頼んでもいないのに「このサイゼリヤって店は、おいしいから入ったほうがいい」と客引きしてくれていたのです。

目の前にあるものを生かすだけで、みんなが幸せになる最高の状況に転じることができました。

あなたの視点を今日から少し変えて、人生をより明るく、喜びに満ちた美しいものへ変換させていきませんか。

世界とは、「複雑で捉えどころのないもの」ではありません。「本当の幸せ」に至る道だって、実は目の前にあるものなのです。

人生は、いま目の前にあるものからしか拓けない。

その苦しみは、あなたを幸せに導くもの。
逃げずに踏みとどまることで、道は拓けていきます。

「もっとラクで、給料の高い職場に移りたい」

「もっとやりがいのある仕事に挑戦してみたい」

「こんなひどい会社で、もう働きたくない」

もしかして、こんな思いで、今の仕事に取り組んではいませんか？

もしそうなら、きっと苦しいことでしょう。自分を取り巻く環境や状況と、うまく調和ができていないわけですから。

やがて苦しみに耐えかねて、逃げ出してしまうかもしれません。

「人のため」「お客様のため」と頑張ることをあきらめて、適当な仕事をしてしまうかもしれません。

でも、そこで逃げたら、あなたの成長は止まります。

「逃げないでほしい」というのが、最もお伝えしたいメッセージです。

『置かれた場所で咲きなさい』（幻冬舎）という、２００万部の国民的ベストセラーがあります。

修道女でもある渡辺和子さんが２０１２年に著した自叙伝的なエッセイです。この本は、宣教師から渡された「Bloom where God has planted you（神が植えたところで、咲きなさい）」というメモに救われた体験が下敷きになっているそうです。

私もこの「置かれた場所で咲きなさい」という考え方に賛成です。

「今、置かれた場所」を放り出しても、問題は解決されません。

なぜなら、根本的な問題は、あなたの「考え方」にあるから。あなたが苦しいのは、自分中心になっていて、この世界との不調和が起きているからなのです。

もちろん、逃げれば一時的にラクにはなるでしょう。ゲーム好きの人なら「リセットしてやり直せばいいじゃないか」と思うかもしれません。

でもきっと、また同じことが起こります。

根本的な問題である「考え方」が変わらないどころか、逃げてしまったことで、より悪い考え方が身についてしまっている可能性もあるからです。

そのため、より大変な状況に追い込まれたりして、不幸なことになるケースを、私は何度も経験してきました。


その苦しみは、あなたを幸せに導くために、起こっていること。それは地獄におろされた、あなたを救う蜘蛛《くも》の糸のようなもの。

だから、そこから逃げるなんてもったいない。これまでの自分を変える最高のチャンスを、自ら閉ざしているようなものです。

うまくいっていない理由を、自分以外の何かに押し付けていては、一歩も前に進むことができません。

自分を救えるのは、自分自身だけ。原因はすべて自分の中にあると考えることが、最も建設的な態度でしょう。

ですから「すべて最高のことが起こっている」「目の前にあるものが最高」と思って、逃げずにそこに留まってみてほしいのです。

その1秒を、耐えてみる。

その1分を、耐えてみる。

その1日を、耐えてみる。


あまり先のことは考えず、かといって無理して乗り越えようともせずに。

我慢して、我慢して、我慢して……そのうちに、いろいろなことが見えてきます。


あなたの考え方が自分中心で、間違っていたこと。

その苦しみや失敗は、自分のために起こっていること。

――それがわかれば、花が咲くのはもう間近でしょう。


人生は、我慢することで、拓けていきます。「千里の道も一歩から」と言いますが、目の前の苦しみから逃げない人だけが、遠くに行けるのです。

そうして、後で振り返ったときに、わかります。

すべては完璧なタイミングで起こり、あなたを導いてくれていたのだと。

あなたの目の前にあるものは、どんなものでも間違いなく「最高」です。

なぜなら、共にかかわりあい、変化していく「つながり」の中で、私が「エネルギー」と呼んでいるものによって、あなたは生かされ、守られ、導かれているから（212ページ以降参照）。

今のあなたが持つ「つながり」を自分から断ち切らないでほしいのです。


もちろん、今の職場を絶対に離れるなというわけではありません。

不思議なことに、「逃げない」と決めて我慢して、努力しているうちに、どこかからお声がかかることもあるでしょう。

異動、転職、独立起業など……、あなたが求めていたはずの転機が訪れるかもしれません。

それも、最高のことが起きてきます。

飛び込むも、留まるも、あなたの自由です。

嫌なことが起きたら、「ありがたい」と喜ぼう。

嫌なことが起こるほど、やる気になるし、強くもなる。
あまり平穏無事だとつまらないし、不安になります。

今まで何度も、絶体絶命の窮地に立たされてきました。修羅場と言っていいような状況も、幾度となく潜り抜けてきました。

そうした嫌なことや、望まないことが起こると、私も少なからず傷つきます。

年をとっても、経営者としてキャリアを重ねても、ずしんとした苦痛が堪《こた》えます。

でも、だんだんと、嫌なことが起こると「むしろありがたい」と感謝するようになってきました。

そもそも「嫌なこと」は、それまでの自分自身の言葉遣いや行動、一つひとつの行為が原因となり、その結果として起こっています。自分が蒔いてしまった種が、実を結んで、いま目の前に立ちはだかっている。

自分で種を蒔いているのだから、それは自分で乗り越えられる程度の試練ということです。それをクリアすることで、必ず成長できるという仕組みになっています。

嫌なことが起これば起こるほど、自分自身は大きく強くなれるし、やる気もかき立てられる。嫌なことが起こるからこそ、人生が面白くなる。

ですからこの年になると、「嫌なこと」が起きないことのほうが不安に感じるようになりました。

「最近、成長の機会がないけど、大丈夫だろうか？」と。


もちろん、嫌なことは嫌です。でも、心の奥底には「ありがたいなあ、感謝しなきゃいけないなあ」という感情があります。

つまり「嫌だなあ」と「ありがたい」という正反対の気持ちが同居している。

矛盾しているようですが、それこそ生きているということでしょう。

私には、「嫌なことから逃げる」という選択肢などありません。


「目の前にあるものが最高！」

目の前に起こっている事態、眼前に突きつけられた状況は、必ず「最高」。そのときの自分をより正しい方向へと導いてくれる、道しるべなのです。

たとえば、傲慢になっていたら謙虚になることを、周りが見えなくなっていたら冷静になることを教えてくれているのです。

サイゼリヤ1号店の開店から1年9カ月後の出来事です。

当時は朝4時まで深夜営業をしていたので、お客様には水商売やヤクザの関係者も多く、お客様同士の喧嘩《けんか》は日常茶飯事でした。

ある夜のこと、ヤクザ同士の口論が激しくなり、ついに店のストーブを投げてしまいました。その弾みでカーテンに火がつき、店内に燃え広がってしまったのです。


「みんな逃げろ！」

私は、まずお客様と従業員を出口から避難させました。泊まり込み用の布団で、1人で消火に努めましたが、なかなかうまくいかない。

結局、2階から飛び降りました。ほうほうのていで建物の正面に向かうと、従業員らが泣き崩れています。私の安否を心配してくれていたのでしょう。

全焼させてしまった店と1階を見て、「ああ、これで店をやめられる」と、どこか安心した気持ちになりました。

その後、警察の事情聴取を受け、所持金もなかったので東京・中野区の自宅まで歩いて帰りました。

母に「店はもうやめる」と打ち明けたところ、慰めてくれると思いきや、意外なことを言ったのです。

「よかったね。せっかく火事になったのだから、もう1回やりなさい」

想定外でした。もう死んだほうがラクだと思えるほど、つらいことなのに。

母の理屈は、こうでした。

「火事に遭ったあの店は、お前にとって最高の場所。邪魔だと言っていた八百屋もアサリ屋も、せっかくお前のためにそこにあるんだから」

「逃げるなんて、もったいない！　もう一度同じところで頑張りなさい。苦労は成長のため。火事で店がなくなるなんて、最高でしょう？」

おかげで、私は次のように気づくことができました。

立地が悪いのも、ならず者しか来ないのも、火事になったのも、すべては最高のこと。より幸せになるようにと、私は導かれている。

だから目の前にあるものが最高なのだ……と。

その後、大家さんにダメ元で、店を再開させてもらえないかとお願いに伺いました。するると、「あんな客の入らない場所でやらせてしまって、申し訳なかった。無理をすることはないから、他の場所にしなさい」と断られてしまったのです。

しかし私は引き下がりませんでした。

「今度は一生懸命やるから、大丈夫です。もう一度私に店をやらせてください」

2回断られ、3回目に伺ったときにようやく、もう1回店をやらせてもらえることになりました。

ありがたいことに、再建した建物の2階に同じ賃料で再び入ることができました。

このとき、大家さんに断られていたら、サイゼリヤは店舗数1500超の世界的なチェーン展開なんてできなかったかもしれません。思えば遠くまで来たものです。

もし、あなたが「今が人生のどん底で、最低最悪」と感じているのなら、それはとても素晴らしいことなのです。

人生の真理は、最愛の母が教えてくれた。

謙遜を学ぶようにと、弱さを授かった——。
優しくて強い私の母は、まさに調和の人でした。

「いま目の前にあるものが最高！」

「自分の目の前に起こる出来事は、良いことも悪いこともすべて自分のためにある」

この真理にたどり着くことができたのは、母の影響でした。


私が生まれ育った家庭は、かなり変わっていました。

父は外で愛人をつくり、その女性との間に次々と子どもをもうけましたが、母はその子どもたちも引き取り、自分が産んだ子どもと同じように大事に育てました。そして父を責めたり恨んだりするどころか、「私がいけないから」とよく言っていました。

「私が至らないから、お父さんに苦労をさせている。相手の女性には申し訳ない」

本気でそう話すのです。


パートナーに浮気をされ、よそに子どもをつくられたら、口論どころか別れ話や離婚に発展してもおかしくありません。なのに、母は取り乱したことがない。

それも一度や二度の話ではありません。

いま考えても、母の度量の広さには驚くばかり。いつでも周りと調和していて、とても優しく、皆に良いエネルギーを与えてくれる、本当に器の大きな人でした。

それが母の生まれつきなのか、人生経験の中で培われていったのかはわかりません。苦しいこともあっただろうし、それを乗り越えてきたのかもしれません。

ただ、信心深かったことは確かです。クリスチャンでありながら、神社仏閣でも手を合わせるような人でした。


母の思い出の中で印象に残っているのは、「祈り」と題した手紙です。

1998年4月、株式を店頭公開する日の朝のこと。家を出ようとした私に、母が手紙を渡してくれたのです。

大きなことを成し遂げるために力を与えてほしいと神に求めたのに
謙遜を学ぶようにと弱さを授かった。
偉大なことをできるようにと健康を求めたのに
より良きことをするようにと病気を賜った。
幸せになろうとして富を求めたのに

賢明であるようにと貧困を授かった。
世の人々の賞賛を得ようと成功を求めたのに
得意にならないようにと失敗を授かった。

後から調べたところ、この詩はアメリカ南北戦争時の兵士が書いたとされるものでした。日本では新聞で紹介されて知られるようになり、多くの反響を呼んだそうです。当時、株式公開することを母に伝えてはいませんでした。でも私の態度から何かを感じ取って、こんな手紙を書いてくれたのでしょう。

「すべて最高のことが起こっている。とはいえ有頂天になってもいけないよ」

そう戒めてくれたのです。

いかなるときも、落ち込まないし、傲慢にもならない。悲観的にもならず、楽観的にもならない。それが「自分中心」から脱却した、中庸な態度なのでしょう。先行きの見えないときこそ「いま目の前にあるものが最高！」と謙虚に生きていきたいですね。

一番近くにいる人を大切にすることが、調和への第一歩。

「人のため」と言いつつ、親を軽んじる人は多いもの。最も深い、親子の「つながり」を大事にしてください。

「私たちは世界平和のために何をしたらよいか?」

マザー・テレサがノーベル平和賞を受賞したとき、記者にこう聞かれたそうです。

彼女は次のように返しました。

「家に帰って、家族を大切にしてあげてください」

私たちは、かかわりあいの中で生きています。近い関係の人もいれば、そうでない遠い関係の人もいます。

近親憎悪という言葉があるように、関係が近いほど否定的な気持ちが強くなってしまうことがあるようです。もしかしたら、「他人のため」ならできるけれども、「親のため」だと抵抗を感じる人もいるかもしれません。

また、個人主義的な考え方も強くなってきているので、親ですら他人だと考えてしまい、あまり心を向けられていない人もいることでしょう。

でもそれは、調和とはかけ離れた態度です。

もしあなたが今よりも幸せになりたいなら、ビジネスや人生を上向きにさせたいなら、親を大事にしてください。

なぜなら、あなたがこれから調和しようとしているこの世界で、親は一番近くにいるからです。

そもそも親子関係ほど、近くて濃厚な人間関係はありません。

当然ですが、親がいなければ、子どもであるあなたは、今ここに存在していません。親は、あなたという存在をもたらした決定的な要因になっています。

また、子どもが小さいうちは特にそうですが、親は四六時中、心のどこかで我が子のことを気にかけているもの。それは人間としてごく当然で、正しい態度です。

しかし、その逆は必ずしもそうとは限りません。

子どもは成長するにつれ、徐々に親への関心を失っていきます。乳飲み子の時期は、誰もが「母親が全世界」でした。しかし、成長するにつれ親に反抗をしたり、ないがしろにしたり、軽んじたりしてしまいます。

社会人になれば、それまで世話になったことも忘れて、仕事や自分のことばかり。年に数回でも帰省すればいいほうで、もう何年も親の顔を見ていない人もいるようです。

そして、親の介護が必要になれば、逃げ回ったり、きょうだいでその役目を押し付け合ったり、「お金で解決」とばかりに、本人の気持ちも確認せずに老人ホームや介護施設に入れようとしたり……。

もちろん、介護の専門家の手を借りることが悪いわけではありません。

仕事の都合もあるでしょうし、在宅介護ですべての面倒を見るのも現実的ではないかもしれない。

それでも、希望や要望を聞いたり、温かく接したりなど、「どうすれば親が喜んでくれるか」をもっと考えるべきでしょう。

親が困っているときに助けてあげることは、あなた自身のためにもなります。

マザー・テレサは、道路わきでうずくまっている死にゆく人々を清潔で快適な施設へと招き入れる活動を行っていました。

安らかに死んでいく彼ら彼女らを見て、マザー・テレサは驚き、「そのとき、そこに神がいることがわかった」という意味のことを言っていたそうです。

誰かを助けているようで、自分が助けられている。そういうものなのです。


直属の上司や部下、同僚も、親ほど縁が深くなくても、親と同じかそれ以上に関係が近い存在です。

あまり好きではなくても、むしろ嫌いだったとしても、その上司や部下や同僚は間違いなく「最高」です。

変化し、関係し合う中で、何らかの原因があって、あなたを助け、成長させてくれる、これ以上ないくらいの最高のタイミングで、あなたの前に現れてくれました。


親、上司、部下、同僚、仲間……近しい関係の人を否定的な目で見たり、ないがしろにするのは簡単です。

それをやめて、逃げずに向き合うことができると、すごいことが起こります。あなたはこの世界と調和して、すべてが良い方向に向かっていきます。

千里の道も一歩から。近くにいる人を大切にできる人だけが、遠くにいるたくさんの人を幸せにすることができるのです。

すべての人は99・9%「同じ」DNAでできている仲間である。

苦手なあの人も、実は「親戚」だった。
そう思うと、少しは親近感が湧いてきませんか?

最近の世の中は、個人主義化が加速してきている気がします。個人主義とは、個人の権利や自由を尊重する立場や考え方のことです。

しかしそれは同時に、自分と他者を切り離そうとする考え方でもあります。


人は、孤立して生きていくことは不可能です。

どんなに能力が高い人でも、１人では何もできません。周りの人たちと助け合って、生かし合い、調和しながら生きていく。この世界は、そのようにできています。

すべては関係し合っていて、孤立している存在などないからです。

不調和からは軋轢や葛藤が生まれ、それは苦しみや不幸に転じていきます。


「みんなで、仲良くしましょうね」

まだ子どもの頃、親や先生からそう言われて育ってきたと思います。**親や先生が言っていることは、正しかったのです。**

「他人となんか、仲良くしたくない」と思うかもしれませんが、科学的に見ると、この他人という概念は正確ではありません。

なぜなら、DNAのレベルで見ると、どんな人もあなたと99・9%、同じDNAでできているから。他人なのに、実はほとんど「同じ」なのです。そう理解すると、道ですれ違ったり、その辺にいる他人に対して、なんだか親近感が湧いてきませんか？

2003年、日本も参加した国際プロジェクトによって、ヒトゲノム（人間の全遺伝情報）の解読完了宣言がなされました。明らかになったのは「どんな人も99・9%は同じDNA配列を持っている」ということです。

ヒトゲノムのDNAの文字列（塩基）は、32億（＝10の9乗）です。

その中で、個人個人によって異なるのは、数百万（＝10の6乗）です。

つまり他の人との差異なんて、0・1%しかないのです。

さらに踏み込んでいくと、「地球上の人間は、皆、親戚」と言うこともできます。

ご先祖様の数をさかのぼる試算をしてみましょう。

現代に生きる「Aさん」という架空の人物の家系をさかのぼってみましょう。

Aさんのお父さんとお母さん、おじいさんとおばあさん、ひいおじいさんとひいおばあさん……と倍々で増えていくので、「×２」という計算式を重ねていきます。

すると、10世代前（江戸時代）は２の10乗＝１０２４人、20世代前（室町時代）は２の20乗＝１０４万８５７６人となります。

この計算式を突き詰めていくと、30世代前（鎌倉時代）は２の30乗＝10億７３７４万１８２４人、40世代前（平安時代）は２の40乗＝１兆９９５億１１６２万７７７６人となります。

鎌倉時代の人口はおよそ８００万人、平安時代の人口はおよそ７００万人だそうですから、人数が全然足りませんよね。あなたの家系図を30世代以上さかのぼると、同じご先祖様が何度も出てくるはず。

私の祖先と、あなたの祖先は99・９％重なっているのです。

苦手でたまらない人、到底好きになれない人もいることでしょう。それでも、DNAのレベルで見ると、あなたとほとんど同じです。

さかのぼれば、ご先祖は同じ。そう思えば温かい気持ちになりませんか。

サイゼリヤは海外に８０００店舗の出店を予定していますが、それは世界中の人々は皆兄弟と思っているからなのです。

意欲さえ持てれば、あとはどうにでもなる。

誰もが心の奥底に持っている「役に立ちたい」という気持ちを引き出してあげるのが、企業の役目です。

安くておいしい料理を提供することで、誰でも豊かな食を楽しめるようにしたい。そう願って、私はサイゼリヤをやってきました。**採用に応募してくる人は、そのエネルギーに引き寄せられた人ですから、来た人はみんな採用したいというのが、私の本音です。**

私たちは、サイゼリヤに来てくれた人たちをどう生かしていけるか、どうやって幸せにできるかを考えながら、採用や教育をしています。

私が実践しているチェーンストア理論では、人材の能力を次の6つと定義しています。

①素質

生まれつきの才能や適性、得意や不得意のこと。

最初はジョブローテーションによってさまざまな職種を経験させます。その人の適性に合っていない職種も含めて、幅広く経験させてあげることが、長い目で見たときに、その人のため、お客様のためになります。

その後は、その素質に合った職種に配属するなり、ポジションをつくるなりして、素質が一番伸びるようにしてあげること。チェーンストアでは、店舗だけでなく、生産、加工、仕入れ、物流、店舗開発、商品開発、人事、経理、総務、システムなど……幅広い仕事があるので、適性に合った配属がしやすいという強みがあります。

②教養

ここで言う教養とは、学校で習う基本的な学科の勉強を指します。国語（現代文・古文・漢文）、算数（数学）、理科（地学・生物・物理・化学）、社会（地理・日本史・世界史・公民）、英語などです。

学校の勉強をある程度頑張ってきた人には、嫌なことから逃げない根性があります。仮に国語が好きで、算数が嫌いでも、学びを進めていくためには、ある程度は算数も勉強しなければなりません。国語だけやっていくわけにはいかないのです。問題がさっぱりわからなくても、逃げずに立ち向かうこと。素質がなくても、努力をすれば、及第点までは取れます。それはとても素晴らしいことだと思うのです。

③知識

これは「技術」と言い換えることもできます。会社が教えることができるので、応募時点で知識や技術を持っている必要はありません。

④経験

「①素質」で述べたように、会社が仕事を教えながら、実際に体験させていきます。

⑤意欲

もし仮にあなたが、「人の役になんて、立ちたくない。自分さえよければいい」と考えている人だったとしましょう。

本当にそうでしょうか？

本人は気づいていないかもしれませんが、心の奥には「困っている人の役に立ちたい」「世の中を良くしていきたい」という願いを隠し持っているもの。

なぜなら、私たちは「つながり」の中で生きている以上、その中で「調和して幸せになりたい」という思いを完全になくすことができないからです。

それを引き出して、「人間は、人の役に立つために生きている」「人のため、正しく、仲良く」という考え方を、ビジネスを通じて教えていくのが、上司や社長の役割です。

実際にサイゼリヤで、当初はあまり意欲が見られなかった人も、今では同じ思いを共有する仲間になりました。

⑥リーダーシップ

これは「⑤意欲」とほぼ同義で、部下や周囲の人から助けてもらえる能力のこと。

この6つの要素のうち、会社が直接伸ばせるものは「③知識」「④経験」「⑤意欲」だけで、その配分は次の通りです。

③知識：④経験：⑤意欲＝2：7：1

企業が人を育てるとき、注力すべきは、「人のため」という正しい意欲のもとで、しっかりと知識を学び、経験を積んでもらうこと。

もちろん最初から仕事がうまくいくわけはありません。失敗して、反省して、また失敗して……これを繰り返していくうちに、自然とできるようになってきます。

私は「新卒採用後、20年で一人前にする」というつもりでやってきました。人材育成は、一朝一夕にはできないのです。

厳しく聞こえるかもしれませんが、40代以上でないと一人前とは言えないのです。同時に、40代になるまでは、あせる必要はありません。


ところで、サイゼリヤは採用にあたって、文系と理系では、どちらでもいいと思っています。どちらでもいいのですが、とにかく「意欲が持てる人」と出会いたい。

「人のため、正しく、仲良く」という方向に向かって生きてみたい人、少しでもましな人間になりたいと願っている人。そういう人なら私は大歓迎です。

そもそも、「文系」「理系」は自分の意志で選ぶものではありませんから、生まれつきのあなたでいいのです。素質や適性によって、自然とそうなっただけで、どちらにも良さがあります。

あとは、あなたのその良さを生かしていくだけです。

理屈に強いのが、理系です。

私もどちらかといえば理系ですから、60年以上にわたり、飲食業を科学と捉えて、改善・改革を続けてきました。理系の方々は、そこに共感して入社してくれることが多いかもしれません。

研究と同じで、1つのことを決めたら、とことんやるのも理系の特徴かもしれません。私の場合は、他のことをするのが面倒くさいだけですが……。

一方、直感に強いのが、文系です。

理系が理屈で考えあぐねているときに、文系は直感でガンガン体当たりで進んでいきます。成功と失敗を繰り返しながら、とにかく前へ進む。組織が大きくなっていくときは、この直感タイプの人間が絶対に必要です。

そして文系が失敗した貴重な経験を、理系が分析して、次の打ち手に生かしていく。歯車がかみあって、車の両輪のように進んでいけると、組織としては強い。いずれ核分裂のように、それぞれの才能が融合して、スパークします。

文系も理系も、調和するために存在していますから、両方必要なのです。

ちなみに文系が入社してくれる理由のほとんどは、直感です。

創業時から今まで、私についてきてくれた従業員が何人もいますが、文系の人にサイゼリヤに入ってくれた理由を聞くと、「ここにいると、いずれ良くなる」「正垣といると、きっと楽しいだろう」、そんな直感が当時からあったのだと言います。ありがたいことです。

トップをはじめとする従業員の心が正しければ、良い人材が集まってきます。**物理学の考え方で言うと、エネルギーは伝達するため、波長が合うエネルギーを持つ人間同士が惹かれ合って組織が形成されていくからです。**

そうはいっても、人間は完璧な存在ではないので、正しい心であり続けることは不可能です。

だからこそ「基本理念」として掲げることで、私自身も反省し、正しい心を持ち続けられるように努力しなければなりません。そのうえで、皆にも伝え続けて、正しい心を思い出してもらう。

採用とは、トップを含めた従業員全員による、地道な反省の積み重ねなのです。

不器用な人間によって、組織はユニークな存在へ進化する。

同じことをコツコツできる「不器用な人」は、「神業」を組織の技術に変えてくれる貴重な存在です。

私の中には「ダメ社員」という概念はありません。

「つながり」の中で、すべての人が調和できるようにと、この世界はできています。

そのため、いま目の前にいるメンバーが、あらゆる意味で最高なのです。

どんな人にも、それぞれ良さがあります。お互いの良さを生かし合い、互いに反省していくことで初めて、人生やビジネスを実り多いものとし、皆で幸せになることができます。

仮にダメ社員のように見えていたとしても、それは適材適所ではなかったということ。その良さを引き出せていない組織の側に問題のあるケースがほとんどです。

不器用さというのは、素質や才能の1つです。

「同じことを丁寧に、心を込めて、面白がりながらずっと続けられる」という特殊能力は、良い意味での「オタク気質」「マニア体質」とも言い換えられるでしょう。

100回、1000回、1万回……。同じことを繰り返すことにより、「不器用な人」は特殊技能を体得し、神業の域へと進化させているわけです。

ここで注目してほしいのが、その「技能」は「技術」に変えられるということ。「不器用な人が獲得したセンス、経験から培った勘など、属人的な暗黙知である「技能」を、再現可能な「技術」に落とし込めたとします。すると、従業員の誰もが神業的なスキルを共有・獲得することができるのです。

それは組織としてのユニークさ、差別化へとつながります。**お客様へ唯一無二の価値を提供できるようになる可能性が広がり、生産性も毎年、爆発的に拡大します。**

つまり、同じことを繰り返せる「不器用な人」が増えるほど、組織が大きくなり、世の中に貢献できるようになる可能性は高まるのです。

「不器用な人」の「技能」を「技術」に変え、自動化・機械化を促し、業界を激変させた例は、飲食業界以外の産業でも枚挙にいとまがありません。

たとえば製鉄所の高炉では、コークスや石炭を供給し、温度を一定に保ち続ける技能者が活躍していました。工場などのモノづくりの現場で、超精密研磨技術で仕上げをする職人がいました。

生身の彼らは、それだけでも素晴らしい存在です。でも、属人的な「技能」を「技術」に変換することで、多くの可能性が広がっていきます。

企業の競争力が上がることはもちろん、業界としての技術水準が上がって、コストや品質が改善されれば、それは大きな社会貢献にもなります。

サイゼリヤの掲げる「農業などの生産、加工、物流などを含めた、外食業の産業化」を実現することだって、可能になるのです。

それがうまくいくかどうかは、「不器用な人」を抱える組織の側にかかっています。

もっとも、「不器用な人」をゼロから一人前に育成するのは難しいこと。ですから、サイゼリヤでは中途採用などで、スキルを持った人を外から招くこともあります。

誤解しないでほしいのは、組織としては、あらゆる人が必要という点です。つまり、何でもそつなくこなす「器用な人」も必要なのです。

これらを踏まえたうえで、あなたにもし「私は不器用だ」という自覚があるのなら、悩みすぎることはありません。その能力をより磨く方向に、また「どうすれば世の中の役に立てるのか」という方向に、心を向けてみてください。

努力を怠った途端に、「秩序」は崩壊していく

第4章

努力

自由を制約しなければ、生産性は上がらない。

決まりをつくって、秩序を保つこと。自らを正しい方向に向けていくことの中に、調和と本当の自由があるのです。

おかげさまで、サイゼリヤは「生産性の高い企業だ」と言っていただくことがあります。

生産性とは、「どれだけの投入量で、どれだけの生産額があるか」を示す指標のことです。つまり生産性が高いということは、少ない投入量で多くの生産額があるということになります。

高い生産性は、何から生まれるのでしょうか?

それは、「自由の制約」です。これを秩序と言います。

サイゼリヤの店舗が30を超えた頃のこと。店舗数が増え、私の目が行き届かなくなるにつれ、各店舗の秩序がどんどん崩壊していく気がしました。店ごとに仕事のやり方にバラつきが出てしまい、クレームやトラブルが多発してしまったのです。

その現象は、「エントロピー増大の法則」そのものだと感じました。

「エントロピー増大の法則」とは、「物事は放置すると、すぐに乱雑で無秩序で複雑な方向に向かい、自発的には元に戻らない」という原理のことです（25ページ参照）。

「このままでは、組織が腐り、消滅してしまう」

強い危機感に駆られた私は、経営コンサルタントの故・渥美俊一先生に師事し、アメリカ発祥の「チェーンストア理論」を学びました。

そして、エントロピーを減らす最良の策は、「標準化」だとわかったのです。

標準化とは、最良の行動をとるための「決まり」をつくって、どこの店舗もすべて「同じ」にし、例外行動をなくしていくこと。

具体的には、以下のようなことです。

・あらゆる局面に応じたルールがある
・その業務分野の道具、動作、手順について最良の方法が定められている
・その業務にまつわる禁止事項が共有されている

・目標値が設定されている
・締め切りや納期が設定されている
・頑張りや到達度が数値化・可視化されている
・評価基準、給与（報酬）体系が明確になっている
・その「決まり」が、日進月歩で改善されていく仕組みがある

「決まり」をつくって、「同じ」にしてあれば、秩序が乱れることはありません。

もちろん、最初は「決まりを守ろう」という意志の力が必要になります。

しかしそれを繰り返していくうちに、決まりで定められた「最良の行動」が個人の習慣となり、やがて組織のカルチャーとなって、競争力の源泉となっていきます。

優れた組織の人材が優れているのは、このためなのです。


そのうえで、改善・改革を繰り返していけば、理論上は、すべての店舗が最高になり、組織としての効率も最高になっていく……というわけです（人は機械ではないので、実際はその通りにはなりませんが）。

標準化のすごいところは、世の中に大きな変化が起こったとき、決まりを1つ変えるだけで、秩序を保ったまま一斉に改善・改革ができるところです。

たとえばコロナ禍では、テイクアウトの導入、従業員・お客様のあらゆる感染防止対策など……これらを最短最速で全店舗に導入し、経営への影響をある程度抑えることができました。

組織が大きくなるほど、普通は世の中が変化していくスピードについていけないものです。

しかし、標準化という技術を使えば、一糸乱れぬ統制をもって、どんな変化にも対応し、世の中と調和し続けていくことができます。

ルールや決まりなどの秩序がないほど、乱れていくものです。

これは個人にも同じことが言えます。

縛りや約束によって、最良の方法をとろうとするからこそ、自分の力を最大限に発揮したり、やるべきことを遂行できたりします。具体例を挙げてみましょう。

・学生は、履修すべき単位の数が決まっているから、（どんなに嫌いでも）勉強に向かうことができる
・アルバイトの人は、勤務時間が決まっているから、（どんなに行くのが億劫《おっくう》でも）身支度をしてバイト先に向かうことができる
・職場の制服がある人は、「それを着用すべき」と定められているから、（どんなに面倒でも）勤務時間は清潔な制服を着る
・営業パーソンはノルマを掲げているから、（どんなに気が向かなくても）毎日頑張ることができる
・「○日の○時に○○でお会いしましょう」と約束をするから、（どんなにルーズな人でも）商談に行くことができる
・期限が決まっているから、（どんなに煩雑な内容でも）書類を提出しようという気になる

コロナ禍で在宅勤務が普及したこともあり、最近は自由な働き方をする人が増えて

きました。フレックスタイム制など、自由な働き方ができる業界や職種、企業に人気が集まっているようです。フリーランスで働くことも一般的になってきています。

ルールや決まりの少ない働き方をしている人は、大変だなと思います。**というのも、自由度が高くなるほど、人間は自分の思うままに行動してしまうからです（よかれと思って、余計なことをしてしまう「気配り」なども、よい例です）**。

すると、計画通りにはなかなか進まないのです。混乱が起こり、遅れが生じ、わがまま放題になり、ムリ・ムラ・ムダだらけになってしまいます。

もし決まりがなければ、自分で決まりをつくって、自らの秩序を守っていくしかありません。

何事においても最低限の枠組みや秩序によって、最良の方法をとろうとする努力が必要なのです。

もちろん、ある程度ルーティンが決まっている仕事をしている人も同じです。

今ある決まりを守っていても、自分が無秩序になってしまいがちなシーンがあるのであれば、それを防ぐ決まりを自らつくり、守っていくことも必要でしょう。

一般的に「自由＝幸せ」というイメージがあるかもしれませんが、そんなことはありません。むしろ逆です。

身勝手なわがままを貫こうとしたり、自分の欲望のままに振る舞ったりするのは、けっして「自由」ではありません。このような自分中心的な考え方は、無秩序と不調和、そして苦しみをもたらします。

本当の意味での自由は、調和の中にあるものです。

ビジネスや組織、そして個人の中に秩序があり、「人のため」という志を持って自分のすべてを生かすことができたとき、初めて、かかわりあい変化していくこの世界と調和することができます。

この「正しい方向」に向かっている状態こそ、真の自由なのです。

お客様の数が増えるほど、一人ひとりのお客様を幸せにできる。

安くて良いものが買えるのは、チェーンストアのおかげ。
この世界は確実に良くなってきています。

サイゼリヤは現在、世界に1500店舗超あります。これを10年後に、1万店舗まで増やしていくことが今の目標です。

これはけっして、私が強欲だとか、もっと儲けたいからというわけではありません。

店舗数が今より多くなれば、当然、客数も増えていきます。

そのスケールメリット（規模の経済）により、料理をより安く、おいしくすることができます。

1500店舗よりも1万店舗のほうが、そして客数2億人よりも13億人のほうが、一人ひとりのお客様を幸せにできるのです。

サイゼリヤの多店舗展開戦略は、「チェーンストア理論」が骨子になっています。

チェーンストア理論とは、11店舗以上の多店舗経営を行い、あらゆる企業活動を本部に集中させ、店舗は商品管理やコストコントロールなどオペレーションに専念することで経営効率の最大化を目指すもの。

チェーンストアの素晴らしいところは、「最大多数の最大幸福」を実現できること。世の中の大多数の人が、安くて品質の良いものを手に入れられるようになりました。それほどチェーンストアが発達していなかった頃は、近くの個人商店しかないこともしばしばで、選択肢も少なく不便で、価格も安くはなかったものです。飲食店に限って言えば、レストランでおいしい料理を食べられるのは、高いお金を払うことができるお金持ちだけでした。

現在では、日本のどこにいても、誰でも、チェーン店に行けばおいしい料理が安く食べられる、便利な世の中になりました。これは、本当に素晴らしいことです。

そこに差別が存在せず、誰もが幸せになれる……これは大きな文明の進歩ではないでしょうか。

飲食のチェーン店があまり好きではない人もいるようですが、それもいいでしょう。選択肢が多ければ多いほど、選べる喜びがあって、生活は豊かになります。高級レストランも、サイゼリヤも、どちらも必要なのです。

それぞれに違いがあり、特徴を打ち出しているからこそ、調和しています。

特別な日に高級レストランに行くと、それは「大切な思い出」になります。豪華な内装や食器、丁寧なサービス、きれいに盛られた上品な料理……これらを大切な人と共有するという非日常体験は、かけがえのないものです。

一方でサイゼリヤをはじめとするチェーン店の料理の味付けは、たいていシンプルで、毎日食べても飽きがこないものです。多くの人に愛されていて、誰にでも手が届く、安くて確実においしい料理がずらりと並んでいます。

業種や価格による多様性を残しつつも、チェーン店によって、食の豊かさを平等に享受できるようになってきている……。

この世界は、ますます調和へと向かっていると、私は確信しています。

話を元に戻します。「人のため」のビジネスを大きくすればするほど、この世界に差別はなくなり、困っている人たちに幸せを運ぶことができるのです。

1つに絞るシンプルさが力強いエネルギーを生み出す。

迷いがあると、エネルギーが失われます。
得意なこと1つに絞って、追求していきましょう。

流れがシンプルになると、すべては良い方向へと向かい始めます。

「シンプル」とは、迷いのない状態のこと。そこにモノや考え方、やり方、選択肢が「1つ」しかなく、迷いようのないことこそが、シンプルなのです。

シンプルになると、すべてのエネルギーは無駄なく、滞りなく、力強く、まっすぐに進んでいきます。国の場合は経済が上昇して繁栄し、会社であればさらに発展し、家庭ならより穏やかで温かいものになります。

目の前にあるものが「2つ以上」の場合、誰でも迷ってしまいます。

「エントロピー増大の法則」（25ページ参照）からもわかるように、モノが多く、混《こん》沌《とん》としていると、迷ったり、気を遣ったりして、エネルギーが浪費されてしまうのです。

どこにも進むことができず、迷路に閉じ込められた気分になるかもしれません。

「2つ以上」から、何かを生み出すことは難しいもの。だから「1つ」に絞って、そこに人材と資産をつぎ込めばいいのです。
「1つ」しかなければ、そこに強い意志が生まれます。
「何としてでもそれをやりたい」という強烈な意志です。

株式会社サイゼリヤが運営する店舗は、イタリアンレストランの「サイゼリヤ」のみ。

なぜイタリアンなのかというと、創業当時はその周辺にイタリア料理を出しているお店がなかったから。

ない料理であれば、周りのお店にも迷惑をかけませんし、お客様だってうれしいはず。それが一番「人のため」になって、周りと調和できると考えたのです。

それに、あれこれ業種を広げるよりも、1つの業種に絞ったうえで店舗数を増やし、改善・改革していくほうが、より安く、おいしくすることができます。

サイゼリヤは、「安くておいしい」という1つだけに特化したレストランなのです。

そして、サイゼリヤの従業員に求める数値目標も、1つだけです。

サイゼリヤは店長に売上目標を課していません。店長には人件費や光熱費をはじめとする経費コントロールのみを求めています。

なぜなら、店長が売上のためにできることは「販促・宣伝」くらいしかなく、それで売上が増えたとしても、ムリ・ムラ・ムダを生み出してしまうからです。

ちなみに粗利益高に責任を持つのは、商品部門。安くておいしい料理を提供していれば、おのずとお客様が来てくれるからです。

「一を聞いて十を知る」という『論語』の言葉をご存じでしょうか。

「物事の一部を聞いただけで、すべてを理解できる」という意味で、賢明で察しのいいことのたとえです。しかし私は少々異なる意味で使用しています。

1つのことを始めると、さまざまな課題や困難が湧き水のように出てきます。この現象を、私は「一を聞いて十を知る」と理解しています。

本当のことを言うと、1つのことからは、10どころではなく、100や1000もの課題があふれ出してきます。

しかしほとんどの人は、1つのことに10の課題すら見出そうとしません。

なぜなら、1つのことをやっていても、ある程度のところで終わりにして、また別のことをやってしまうからです。

サイゼリヤが「安くておいしい」を極限まで追求するには、1つのことに10以上の課題を見出し、一つひとつ解決していく集中的な努力が求められます。

それは大変なことです。

たとえば、今500円で提供しているピザを、もっと安くしたい場合。

努力の末に1つの課題をクリアして、400円にできたところで、たいていの人は満足します。そこで思考も行動も停止してしまって、また別のことをやり始めます。

しかし課題を1つ解決すると必ず、また別の課題がたくさん出てくるものです。

「人のため」と、偏りのないものの見方をしていて、そこに迷いがないのなら、今度は300円にするために必要なことが見えてくるはず。

そこで努力をやめずに、踏みとどまることができれば、競合がいなくなるほどの独

自性を打ち立てることができます。それは個人であっても、組織であっても同じです。

自分が一番得意なことに集中し、特徴を打ち出していきましょう。

あれこれ手を付けるのではなく、1つを集中してやり抜く。このほうが、結果的にうまくいきます。

1つのことに特化して突き詰めていけばいくほど、すべてがうまくいくようになります。ほかの人、ほかの企業と同じことをする必要はありません。

特徴があればあるほど、つながりの中で役割を見つけて必要とされる存在となり、助け合い、補い合っていくことができるのです。

世の中はすべて、「違い」でできているからこそ、調和がある。そのようにして、みんなで1つの世界を構成しているのです。

クチナシの花がきれいなのは、他の花と違うからです。すべての花がクチナシだったら、美しいとも何とも思わないはず。

あなたなりの花を咲かせれば、それがどんな花であっても、十分に美しいのです。

オペレーションを簡単にするほど、お客様を幸せにできる。

科学的な手法で、ムリ・ムラ・ムダを省いていく。
それを最小限の人員で行うのが、調和のとれた道です。

個人でも組織でも、生産性を上げるためには科学の視点が必要です。

ご存じの通り外食業は、長らく「生産性が低い」とされてきた産業です。

このままでは、お客様も従業員も幸せにできないという危機感から、「外食業の常識」にとらわれない、シンプルで無駄のないオペレーションに改善し続けています。


あなたは、自分の仕事の進め方を「科学」したことはありますか?

数学の問題を解くように、「最短最小の労力」で「最高の価値」を提供できる最適解を、ぜひ探してみてください。

サイゼリヤは、インダストリアル・エンジニアリング(IE)という手法によって、製造業の現場と同じようにあらゆる作業を科学し、合理化しています。

IEとは、工程管理技術の1つです。動作や運搬などの作業工程において、どれくらい時間がかかるのかを測定・分析し、ムリ・ムラ・ムダを省いていくというもの。

サイゼリヤの実験店では、接客や調理など作業の全工程を一つひとつ撮影し、作業を秒刻みの動作に分解・計測して、コンマゼロ秒単位で改善し続けています。

その結果から導き出された手順の最適解、つまり「道具」「具体的な動作」「求める結果」「所要時間」を標準化していくわけです。

誰でもできるくらいに仕事をシンプルにしていくと、より多くの店長を育てることができます。そのとき、初めて店舗数をらくに増やすこと（マスストアーズオペレーション）が可能になっていくのです。

こうして標準化された作業を、マニュアルによって徹底していくことを「完全作業化」と言います。

たとえば、「テーブルを拭く」という作業は、「布巾をテーブル上で4往復させると、テーブルがムラなくきれいになり、これには3秒かかる」と定めたとしましょう。4往復させると、ちょうど端から端までムダなく拭けるのです。3秒より速いと雑になりますし、遅いと時間をかけすぎています。

これなら迷いませんし、作業が完了した基準や求める結果も明快です。

もし作業が標準化されていなければ、その作業をする人が迷ってしまいます。「テーブルをきれいに拭いてください」とお願いしたときに、1分かけて拭く人も出てくるかもしれません。これでは時間をかけすぎですし、必要以上にテーブルをきれいにしてもお客様が喜ぶとも思えません。

このように、「具体的な動作」「所要時間」「求める結果」が可視化されると、仕事量を見積もることができるようになります。

これに加えて、過去の売上推移から予測される来店客数がわかれば、1日あたりの必要な仕事量が算数の計算で導き出せるようになるのです。

ここでようやく、人員の稼働計画の話に入ることができるようになります。

もちろん、基本は最少の人員で回すこと。サイゼリヤ店舗の人員は、業界平均と比べて、だいぶ少なく抑えてあります。

少ない人員でお店を回せれば、人件費を抑えられるので、料理を安く提供できるようになります。皆さんに、より幸せになっていただくことができるのです。

大きくない店舗であれば、ピークタイムであっても、ホールは1人で回せます。アルバイト2人がキッチンにいれば、1日2000皿を提供することも可能です。

ですが、もう1つ大切なポイントがあります。

それは秩序という観点です。一番安定していて、迷いなく、調和して仕事ができる人員の稼働計画とは、どのようなものでしょうか？

人員配置で一番良くないのは何かというと、人が多すぎることです。

たとえば3人で回る仕事に、10人を配置すると、どうなると思いますか？


職場は無秩序状態に陥ります。

必ずと言っていいほど「余計なこと」をする人が出てくるのです。

「絶対やるべきこと」を別の人がやっていると、手持ち無沙汰になります。サボっていると思われたくないから、何か仕事をしようとしますよね。むしろサボってくれたほうがいいのですが……。

もしくは、「絶対やるべきこと」を先延ばしにします。先に終わらせてしまうと、仕事がなくなってしまうのです。すると、どうなるでしょうか？

「絶対やるべきこと」が手つかずのままに残ってしまうのです。

そして「やったほうがいいこと」をやり始め、ついには「やらないほうがいいこと」「絶対にやってはいけないこと」まで手を出してしまうのです。

エントロピー増大の法則により、こうして場が乱れ、秩序が失われると、予期せぬ問題や事故が起こり出します。機械の破損や、お客様からのクレームなどです。

その後処理に追われることが「本来の仕事である」と勘違いする人も出てきます。結果、「絶対やるべきこと」に向かう求心力が急速に低下し、生産性が落ちるというわけです。

秩序が乱れ、迷いがあると、目の前の仕事に集中できません。浮かれて余計なことをしたり、「自分中心」的な考え方で身勝手なことをしたりしてしまいます。

3人でやるべき仕事は、必ず3人でやりましょう。多くても少なくてもいけません。**全員が「絶対やるべきこと」に没頭、集中し続けている状態でこそ、組織はお客様のために最高のパフォーマンスを発揮することができます。**

そこには秩序と調和があります。みんなで楽しく、仲良く、大きなやりがいを持って働くことができることでしょう。

「人のため」の時間効率がわかる、人時生産性。

あなたの時間がどれくらい「お客様のため」になっているか、
まずは知るところから始めてみてください。

仕事とは、時間そのものです。**従業員の大切な時間を「人のため」と最大限に生かしきることが、経営者の大きな役割だと私は考えています。**

そのために重要視している指標が、「人時生産性」です。「人時生産性」とは、「従業員1人1時間あたりでどれだけの粗利を生み出したのかを測る指標」で、計算式は次の通りです。

「人時生産性」＝1日の粗利益額÷従業員の1日の総労働時間

※「粗利益額」……売上高から原価を差し引いたもの

※「従業員の1日の総労働時間」……その業務にかかった作業人時数

【例①】2人の従業員が2時間かけて1万2000円の粗利を出した場合、人時生産性は、1時間あたり3000円です。

計算式……12000÷（2×2）＝3000

【例②】従業員の労働時間が25時間、1日の売上が10万円、粗利益率が65％の場合、粗利益額は6万5000円（100000×0・65）。人時生産性は、1時間あたり2600円です。

計算式……65000÷25＝2600

人時生産性の平均は、業種によってかなり異なります。中小企業庁が公開している「中小小売業・サービス業の生産性分析」（2021年6月）によると、業種別の平均人時生産性は次のような数値になっています。

・製造業……2837円　・小売業……2444円
・宿泊業……2805円　・飲食店……1902円

製造業と飲食店の人時生産性を比較すると、約1・5倍もの差があることにお気づきでしょうか。飲食業界の人時生産性は低いのです。

もちろん、飲食店といっても価格帯はさまざまです。私の肌感覚ですが、一般的な飲食チェーンなら人時生産性は1時間あたり2000〜3000円ほどでしょうか。

人時生産性は、業界の構造によって左右されます。利益の出しやすい業界と、出しにくい業界があるのです。**とはいえ「業界標準を超えていこう」という気概がまったくなければ、業界全体として発展していくことができません。**

サイゼリヤでは、1時間あたりの人時生産性は6000円を目標にしています。すでに、低い店で4000円台、高い店では6000円台に達しています。

店長には売上の目標は課していませんが、稼働計画による経費のコントロールにより、人時生産性を5000〜6000円にコントロールするよう求めています。

たとえば悪天候で客足が悪くなったとき、備品の整理を前倒しで行い、先々の稼働を抑えるなど……、経費コントロールには、かなりの工夫の余地があるのです。

なぜここまで人時生産性を追求しているかというと、これも「人のため」。従業員の給料を上げ、サイゼリヤのメニューを値下げしたいからです。

おおむね、人時生産性の40％がその人の時給として振り分けられます。

人時生産性は、あなたの仕事がもたらした粗利を稼働時間で割れば算出できます。

ぜひあなたも、その1時間がどれだけお客様のためになっているのか、まずは知るところから始めてみてください。

成長・発展しているものから学んだことは、すべて正解だ。

自分の考えや経験則では限界があります。うまくいっている組織や人を観察し、学んでいきましょう。

ビジネスで「自分中心」にならないためには、我流でやらないことです。

もしあなたがその分野の第一人者だと言われていて、圧倒的な成果を出して社会に貢献しているなら、しばらくはそのやり方を貫いても大丈夫。

でもそうではないのに、自分の感覚や経験だけでやってしまっている自覚があるなら、これを機にぜひ一度立ち止まってみてください。

ところで、あなたがやっている仕事で、世界で一番社会に貢献している人や、会社を知っていますか？

日本で一番でもかまいませんし、人だったら、あなたの勤めている会社で一番でもかまいません。

仮に知っていたとして、その人がどうやって成果を挙げているか、知っていますか？　もし本やSNSなどで情報が出ているなら、それらを読むことで見えてくることもあるでしょう。

実際に会いに行って、話を聞けるとなおいいですね。きっと、大きな学びがあるはずです。

世界一優れた人や、成長・発展している企業のことを知ると、目指すべき方向性や目標が見えてきます。あなたのロマンやビジョンが、はっきりとした形で浮かび上がってくるでしょう。

方向性と目標があれば、努力できるようになります。それがなく、どこに行けばいいのかわからないようでは、努力できません。

それに、我流でやっていると、迷います。迷いがもたらすのは、無秩序と苦しみです。これでは努力しても良い結果には結び付かないので、きっとつらいと思います。

私が大いに学ばせてもらっているのは、マクドナルドです。

世界一のマネジメント力のある企業で、「おいしさと笑顔を地域の皆さまに」を理念に世界約4万店舗を展開しています。店舗数は、なんとサイゼリヤの25倍以上です。

マクドナルドは、最も経営を科学している企業と言ってもいいと思います。

売上高利益率が40％以上で、本当に無駄がない。世界中でほとんど同一の商品を売ることを実現させた背景には、科学的に導き出された工夫が無数に存在しています。

世界屈指の大企業の中にフードサービスがあるということは、私たちに希望を与えてくれました。

なぜなら、サイゼリヤもマクドナルドのように、世界中の人々を幸せにできるほど成長・発展できる可能性があることを、その身をもって示してくれているからです。

私は、サイゼリヤとマクドナルドの違いを従業員に300個以上書かせて、社内で討論し、改善案を出して実行する……ということを何回も繰り返してきました。

今のサイゼリヤがあるのは、マクドナルドのおかげでもあるのです。

このように、優れた人や優れた企業から学ぶことは、非常に有意義だと思います。

「ストアコンパリゾン（競合店視察）」という言葉をご存じでしょうか?

「comparison」とは、「比較」「比べること」という意味です。**業界ナンバーワンのチェーンなど好業績店を観察して、自分たちのやり方と比較し、その「差」から何らかの気づきや、再現性のある法則を導き出していくことを言います。**

それを自分たちの組織に取り入れ、改善・改革につなげていくことが目的です。
そのやり方は、次の通りです。

①観察……「商品」「設備」「作業」の3分野について、それぞれ100項目ずつ「気づき」を書き出していく（見えているものを、数値を混ぜながら具体的に書き留める。たとえば「設備」の場合は、壁、床、マット、照明、テーブルとイスなど。床にマットを敷いていれば「だいたい何cm四方で、どんな色か」などを書く）。

②因果関係を探る……記した項目について「なぜ、そうしているのか？」という理由や目的を考え、メンバーで話し合う。

③改善案を出す……議論をもとに自分たちが取り組むべき事柄を決定する。「実現に長期間かかる理想の案」（長期計画）、「少し時間のかかる案」（中期計画）、「すぐにできる案」（2～3カ月計画）という3段階に分けて考える。

④定期観察……一度、項目を書き出した店は、定期的に訪れるようにする。2回目の視察以降は、前回の訪問時とは異なる部分だけを書き出す。その差にこそ時流をつかむヒントが潜んでいる。

ただ視察して終わりにはせず、「なぜそうなのか？」という理由や目的から因果関係を探り、具体的な改善につなげていくことに大きな意義があります。

私は飲食店に限らず、大手のコンビニ、スーパー、そしてユニクロなど異業種のストアコンパリゾンもよくしています。そこで売れている商品を調べると、その時代の消費者の嗜好《しこう》や動向、時流がよくわかるからです。

特に面白いのは価格設定です。

一例ですが「商品の価格差を広げすぎてはいけない」という法則を発見しました。たとえばスーパーの陳列棚を見ると、同一アイテムの「最高値商品」と「最安値商品」の価格差が、必ずと言っていいほど2倍以内に収まっていることに気づきます。

とあるスーパーの牛乳売り場を見ると、1000㎖の紙パック入りのさまざまな牛乳が並んでいます。そのバリエーションの豊かさには驚くばかりですが、商品の価格差は2倍以内に収まっています（168～298円）。

もしかしたら、ただ売れない商品をやめ、売れそうな商品を新たに投入することを繰り返すうちに、価格差が「2倍以内」に縮んでいったのかもしれません。

サイゼリヤで言うと、パスタ、ピザ、ドリアなど料理のカテゴリーごとに、一番の高額メニューと一番の安値メニューの価格差を、2倍以内に収めるということです。

一番安いパスタは300円（ペペロンチーノ）、一番高いパスタは600円（たっぷりペコリーノチーズのカルボナーラ）なので、価格差は2倍以内に収まっています。

このように価格差を2倍以内に留めておくことで、価格を気にせずにメニューを選べる安心感をお客様に与えることができるのです。

ストアコンパリゾンを繰り返すことで、お客様の心理を読み解くヒントを教えてもらったような気がしています。

これは、たとえば紳士服についても言えることです。3万円のスーツと、30万円のスーツが並べて陳列されていることはまずありません。30万円のスーツを見てしまうと、3万円のスーツを求めてやってきたお客様の不満につながります。値段が10倍も違うので、それだけ品質の差があるような気がして、購買意欲が揺らいでしまうのです。その心理は当然でしょう。

私はよく、ビジネスの基本は「観察（＝問題点を見つけること）」「分析」「判断」「実行」だと言っています。

あなたより優れた人、優れた企業をよく観察して、分析し、取り入れられそうなものは取り入れるという判断をして、実際に実行してみてください。

ポイントは、小手先での真似事はしないこと。

たとえば商品をそのまま真似しても、だいたい失敗します。**その商品を企画してつくり、お客様に届けるまでの優れた仕組みやシステム、考え方を学ぶことが大切です。**

正しい方向を向いて努力すれば、けっして空回りすることはありません。

必ずや「人のため」となり、大きな実を結ぶことでしょう。

固定観念を疑ったら、レストランから包丁が消えた。

「絶対に必要」だと思っていたもの。
それがなくても、ビジネスが成立するかもしれません。

生産性を上げたいのなら、とにかくモノと作業を減らすこと。一度常識を疑ってみると、思わぬものを減らせたりするものです。

ほとんどの飲食店には、包丁があります。包丁があると、当然ですがその包丁を置く場所が必要です。また「包丁を使った後に、いつ誰が洗い、拭いて戻すか。何日経ったら研ぎに出すか」というルールと、手間も必要になります。

もし包丁研ぎをプロに依頼するならば、その費用もかかります。コックのこだわりで何種類もの包丁を使い分けているのであれば、その分、保管や管理も煩雑です。ただ包丁があるというだけで、厨房に秩序を失わせる力が働いてしまうのです。

しかし逆に言えば、包丁をなくすだけで、すべての問題は消えてなくなります。レストランの厨房から包丁をなくすなんて、馬鹿げているし、そもそも無理だと思うかもしれません。

しかし、思い返してみてください。**飛行機のファーストクラスには、鍋《なべ》も包丁もあ**

りません。それでも一流ホテル並みの料理が出てきます。

つまり、「包丁がない＝手抜きで、まずい料理」というわけではないのです。

私には「厨房から包丁をなくしたい」という思いがずっとありました。

長年、経営者兼コックとして厨房にも立ち続けてきたので、刃物というものがどれだけ危険かを痛感してきたからです。

特に危ないのは、ランチなどのピーク時。人手は不足し、片づけている暇などないので、食材や調理器具は無秩序に散らかっている。包丁なんてどこに置いてあるかわからなくなり、そのうち誰かが包丁でグサリと怪我をする……。

それは個人の注意力の問題ではなく、構造的な欠陥なのです。そのような状況を根本的に変えたくて、「包丁をなくすこと」を目標に掲げ、やってきました。

その目標を達成できたのは、１９９７年のこと。

初の大型の食品製造工場である吉川工場（埼玉県）が完成し、ついに店舗の厨房から包丁を使う作業をなくすことに成功しました。

たとえば、当時「真イカのパプリカソース」というメニューがありました。従来は、納品された冷凍イカを店舗で解凍、ボイルした後、従業員が包丁で切っていたのです。

しかし吉川工場ができてからは、調理済みのイカ入りの「真イカのパプリカソース」が、パウチに入った状態で送られてくるようになりました。従業員は、それに少し手を加えてお客様に出すだけ。

現場は、イカを切る作業から解放されたわけです。それまでは、調理で手を切ってしまう従業員も少なくありませんでした。そもそも、誰かの命を奪う可能性のある刃物が職場にあるということは、無意識的なストレスにもなるものです。

包丁や、「真イカのパプリカソース」はあくまで一例です。

あらゆる料理において、工場で下ごしらえまで完全にカバーできるようになり、食材の切り方や味付けにもバラツキがなくなりました。より安定した質のメニューを提供することで、お客様からもより支持されるようになり、店舗数も増やすことができました。

モノをなくしたり、やめたりするときは、固定観念にとらわれないこと。

「人のため」という根っこの動機さえブレなければ、何をやってもいいんです。

倉庫をなくしてしまったのが、アメリカ発祥のチェーン・コストコ（会員制倉庫型卸売・小売）です。コストコの始まりは1976年にまでさかのぼります。

元はカリフォルニア州サンディエゴにある飛行機の格納庫を改造してつくられた「プライスクラブ」という名の倉庫店でした。1983年には「コストコ」の最初の倉庫店がワシントン州シアトルにオープンし、今では全世界で800倉庫店以上を展開しています。アメリカだけで500倉庫店以上、日本でも30倉庫店以上という多さです。

この「倉庫店」という単位からもわかるように、コストコは店と倉庫を一体化させることで単独の倉庫をなくすことに成功しました。

通常は、トラックなどで運ばれてきた商品をいったん倉庫に入れ、それを必要に応じて店頭へ品出ししていきます。**しかし倉庫と店頭が一体化してしまえば、倉庫から**

店頭への品出し工程を省略できるのです。

「ビジネスのプロセスを省略できないか?」と問うのは合理的な考え方だと思います。

今ではもう当たり前になりましたが、Amazonなどの世界的なEC(電子商取引)企業は、店頭で売るのをやめてしまいました。

昭和の時代、私たちにとって「買い物」といえば必ず「リアル店舗」で行うものでした。それも八百屋さん、魚屋さんなどの個人商店です。

しかし時代が進むにつれ、スマホやパソコンで買い物をするのが当たり前になってしまいました。「モノはリアル店舗で買う」という常識が崩壊したのです。

あなたがいる業界内の常識、慣習、しがらみには、どのようなものがありますか?

それらは、もしかしたらムリ・ムラ・ムダの原因になっているかもしれません。いったん脇に置いて、ゼロベースで考えてみてください。

たった1つの常識を疑うだけで、核分裂のような革命が起こることだってありうるのです。

第5章

「エネルギーの法則」に従えば、ビジネスも人生もうまくいく

法則

この世界のすべては、エネルギーでできている。

この世界のすべては連関し合いながら、みんなで、「より幸せになる方向」へと変化し続けています。

私は大学で物理学を専攻しました。熱エネルギー、作用反作用、エントロピーの法則……。若いときから今に至るまで、世界の仕組みをクリアに、鮮やかに解き明かしてくれる物理学の法則に魅了されてきました。

そしてビジネスを始めてから、物理の法則が人間関係や経営をよりよくするのに有益だと気づいたのです。

私たちは幼少の頃から、周囲の大人に「努力し続けなさい」と教えられて育ちます。そう言われても、小さい子どもには響きにくいものです。

しかし私のような物理畑の人間にとっては、「Ｆ＝ｍａ（力＝質量×加速度）」というニュートンの運動の法則で考えてみると、素直に納得できるのです。

この「Ｆ＝ｍａ」という式には、次のような意味があります。

そこに置いてあるものは、力を加えない限りは、明日も、あさっても、そして1年後も、そのままそこにあり続けます。

正しい方向に力を加えると正しい方向に変化して動き、悪い方向に力を加えると悪い方向に動きます。

力を加えることをやめると、そのままで変化しません。

そして力を加え続けると、変化も大きくなっていきます。


ここで言う「力」とは、大人たちの言う「努力」に相当します。

これをビジネスや人生に当てはめて考えると、こうなります。

人は誰でも努力をすると前進し、成長します。しかし努力をやめると、その途端に停滞するものなのです。**つまりサイゼリヤが、ある程度「安くておいしい」を実現できているなら、それは正しく努力を続けたからなのです。**

逆に言うと、努力をやめた途端に、「高くてまずい」になってしまいます。これ以上、シンプルな因果関係はないでしょう。


もう1つ、ビジネスや人生で幸せになっていくために重要な示唆を与えてくれるのが、量子力学です。

人は目に見える現象から疑問を持ち、仮説を立て、物理学という学問を発展させてきました。それが、いわゆる伝統的な「ニュートン力学」という物理学の一分野です。
そして1895年、ドイツの物理学者、レントゲンが偶然X線を発見し、肉眼では「見ることができない現象」の領域にまで科学の世界が広がっていくことになります。
それから放射線、電子などの存在も明らかになると、絶対的な真理とされてきたニュートン力学だけでは解き明かせない事柄も出現します。

そこに新理論として現れたのが「量子力学」です。量子力学について話し始めると、どうしても難しく、まだわかっていないことばかりですから詳しい話は控えます。
強調したいのは、難解とされている量子力学の世界も、人間関係や経営をよりよくしていくことに有益という点です。

その中でも、特に私が魅せられているのが「エネルギー」です。

そもそも「量子」とは、粒子と波の性質を併せ持った、微小な物質やエネルギーのことを指します。物質を形づくっている「原子」や、「原子」を形づくっている「電子」「中性子」「陽子」などの総称です。

それらの小さな世界では、従来のニュートン力学などの物理法則は通用せず、「量子力学」という不思議な法則によりすべてが動いています。

量子力学では、「見ることができる現象」から理解を試みることはしません。なぜなら、この世界は「見ることができる物質から構成されているわけではなく、突き詰めるとすべてがエネルギーである」という考え方に基づいているからです。

また「宇宙のすべてがつながり、連関し合っている」と主張する学者もいます。

たとえば、理論物理学者のナシーム・ハラメインは「ホロフラクトグラフィック宇宙論」という説を提唱しています。

彼は「ビッグバンによって出現した今の宇宙は、すべて同じ一点から発生したものであり、その意味で、すべてはつながっている」という説を展開しています。

もちろん、これらはまだまだ研究途上の話です。

しかし、この世のすべてはエネルギーで、すべてが連関しているという量子力学の考え方は、多くの示唆に富んでいます。

私独自の解釈を付け加えさせてもらうならば、次のようになります。

この世のすべてはエネルギーであり、すべてが連関し合いながら、調和や均衡に向かって、より幸せになる方向で変化し続けている――。

私たちが生きるこの世界は、こう定義づけられると思えてなりません。

つまり、現実の世界の本質とは、「停滞」ではなく「変化」なのです。

その真理を端的に言い表したのが『平家物語』冒頭の、「諸行無常」というあまりにも有名な言葉でしょう。


「祇園精舎の鐘の声　諸行無常の響きあり」


多くの日本人にとって、「諸行無常」とは、主に人生のはかなさや虚しさを想起させるネガティブな言葉であるかもしれません。

けれども本来「諸行無常」とは、「この世はすべて変化し続けている」という真理を、端的に形容した言葉なのです。

つまり「万物は流転している」からこそ、「1秒1秒が貴重で、懸命に生きる姿勢が尊い」「変化の中で、自らも変化していく」という教えであるはずです。

この大原則を受け入れられない人には、苦しみが来る、というのが「諸行無常」という言葉の真のメッセージなのです。

ですから、私たちはどんな変化にさらされようと、「それが世の常」と受け入れ、努力や工夫を重ねるべきです。

そんな姿勢で生きることこそ、人間を真に成長させ、進化させます。

ビジネスの世界においても、同様です。たとえ間違ったり、思わしい結果が出なかったとしても、変化に柔軟に対応し、改善を重ねていけばいいのです。

さらに言うと、孤立しているものはないため、つながりの中で、「人のため、正しく、仲良く」という利他の心に満たされて、また「よりよく変化していこう」「生かし合っていこう」という気持ちで行動することが、大きなエネルギーを生み出してくれます。

そのような「見返りを求めない行動」こそ、世界をよりよくする原動力なのです。

量子力学によると、この世に存在するすべてのものはエネルギーを持っており、エネルギーは高いところから低いほうへ流れると言われます。

熱も、熱いところから冷たいところへと移動していきます。その逆はありません。

困っている人を助けようと思い、手を差し伸べ行動を起こすことは、エネルギーの流れに沿ったことでもあるのです。

私たち一人ひとりの人間も「エネルギーを持った物質」ですし、その活動の集積である人間の営みも、大きなエネルギーの塊です。

そういったエネルギーが正しく調和していれば、家庭内や組織内の充実はもちろん、「貧富の差」といった高低差はやがて調和されるでしょうし、社会全体がより幸せな状態へと発展し続けていくはずです。

エネルギーの第1法則
〜すべては変化し、調和や平等に向かっている〜

人間一人ひとりが精神を進化させていくために、
エネルギーの法則は存在しているのです。

エネルギーについて、私は便宜的に2つの法則に大別して考えています。あくまで正垣流の分類だと捉えてください。次のように分けることで、多少理解しやすいはずです。

・エネルギーの第1法則……すべては変化し、調和や平等に向かっている
・エネルギーの第2法則……すべては最高の状態で関係し合い、中心も孤立もない

まず第1法則から取り上げていきます。この法則についてお話しすると、必ずと言っていいほど次のような反論をいただきます。

「世界は、太古から今に至るまで、戦争や紛争などの争いが絶えません。地球全体が良い方向に変化しているようにはとても思えないのですが……」

確かにご指摘の通り、時代が進んで文明が発展しても、人々は争いや憎しみ合いを続けています。

「エネルギーの法則が、地球を安定や調和に向かわせてくれているんじゃないの?」

そう疑問に思われるのも無理はありません。

ただ私は、地球上にある争い、憎しみ合い、不正、悪などを克服しようと試みることで、人間一人ひとりの精神を成長させていくよう、エネルギーの流れに導かれていると感じます。

争いに心を痛め、憎しみ合いをなくそうと努め、不正や悪を是正しようと戦う。そんな挑戦を続けるからこそ、人は成長、進化できるのではないでしょうか。

よりよく生きようとする人は、その時代、その場所で必ず何らかの努力をするからです。その際に、この第1法則を知っていると、大きな強みになります。

「すべては変化し、調和や平等に向かっている」

この第1法則を説明するとき、私が真っ先に思い浮かべるのが「チェーンストア理論」です（177ページ参照）。

チェーンストア理論は、混乱している世の中で生まれ、社会全体を調和と平等へと導いた素晴らしい理論です。

現在にも通じる考え方ですし、この理論を日本に紹介してくださった故・渥美俊一先生へのご恩返しとしても、少し詳しくお話ししたいと思います。

この理論のもととなったチェーンストアがアメリカで飛躍的な発展を遂げたのは、1930年代の世界大恐慌の時期。皆が大変な思いをしていた時期です。

「不況で、皆お金がないから、モノを買えない」

そんな状況を救ったのが、チェーンストアでした。

売上額で世界最大の「ウォルマート」がその代表例でしょう。

チェーンストアが増えたおかげで、モノがどこでも安く手に入るようになり、世の中の多くの人の暮らしが豊かになったのです。

チェーンストアが増えると、本質的な格差是正がなされます。

世の中の大多数の人の暮らしが豊かになること。それこそ、真の豊かさではないでしょうか。

私は、チェーンストアの経営には、「貧富の差を縮める」という社会的意義があると思い、ビジネスを展開してきました。

中国に積極的に出店しているのは、格差の大きな国だからでもあります。
より多くの人々に安くておいしいものを食べてもらい、喜んでほしいのです。

今のところ、海外展開を含め、サイゼリヤの事業は好調です。ということは、この第1法則に沿って、経営ができているのだと解釈をしています。

もしあなたの事業や仕事がうまくいっていないという場合、エネルギーの流れを確認してみてください。

熱力学やエネルギー保存の法則が教えてくれているように、エネルギーは高いところから低いところにしか移動しません。その逆を認めないのです。

また、エントロピー増大の法則により、努力しないとダメになってしまいます。

人間を含め、あらゆる物質はこの法則に沿っています。

人のエネルギーも苦しんでいる人たちを助ける方向へと移動していきますから、「人のため」に行動することが、法則に沿うことになります。

「すべては変化し、調和や平等に向かっている」という法則に従って、「人のため」に行動してください。心の安らぎを感じられると思います。

エネルギーの第2法則
～すべては最高の状態で関係し合い、中心も孤立もない～

モノでもあり波でもある「素粒子」の不思議な性質を知ると、
あなたはけっして孤独ではないことがわかってきます。

「エネルギーの第1法則」に次いで、いよいよ「第2法則」について解き明かしていきます。

第2法則は、「すべては最高の状態で関係し合い、中心も孤立もない」という事実です。

ここで、大海原を想像してみてください。一面に波があります。波は高くなったり、低くなったり、すべての波は関係し合っていますね。

しかし、その大海原には「うず潮」「海溝」などは存在しますが、どこにも〝中心〟はありません。

また、大海原に「孤立している波」などありません。すべてが等しく、同格で、関係し合い、影響を与え合っています。

私たちがいる現実の世界も、それと同じ。

あなたも、私も、親も子も、上司も部下も、店も商品も……物質も人間も、人間を構成する肉体と精神も、すべてはエネルギーであり、粒子と波の二面性を持っていま

す。

すべては関係し合っていますから、何ひとつ孤立していないのです。

なぜそう言えるかというと、最先端の量子力学で、すべての物質は「モノ」であると同時に「波」でもあると、証明されているからです。

物質はすべて、最小・極小のミクロレベルまで分解すると「素粒子」でできています。

分子→原子→原子核・電子→陽子・中性子→素粒子という順番です。

つまり、人や動物を含む有機物も、無機物も、極限まで分解していくと、すべて数種類の素粒子でできているのです。

その素粒子を存在させている力を、私は「エネルギー」と呼んでいます。

私が「この世界は、すべてを生かしている同種類の目に見えないエネルギーでできている」と言っている根拠は、そこにあるのです。

素粒子には、不思議な性質があります。

素粒子とは、実は「モノ」でもあり、「波」でもあるのです。

物理の授業などで「素粒子の二重性」という言葉で習ったことを覚えている人がいるかもしれません。


「すべてはモノでもあり、波でもある」

「そして、すべてはつながり合っている」


この真理は、学問の世界では常識であるものの、一般社会にはまだまだ浸透していません。

しかしこの真理を知って実際に行動や考え方を変えることで、ビジネスも人生もうまくいくようになります。


自然も人間も、すべては「つながり」の中での因果関係によって成り立ち、動いています。

因果関係とは、「原因があるからこそ、結果がある」という関係です。結果が原因となって新たな結果を生み、その結果が再び原因になる……、という繰り返しによって、世の中は変化しながら動いているわけです。

このときに重要なのは、私が言う「原因」とは、「目に見えないエネルギー＝考え方」だということ。

すべてが関係し合っているのですから、目に見える環境や人などが「原因」のように思ってしまいがちです。しかし、それは違います。

悪い結果が出たときは、原因を「外側」や「他人」ではなく、自分の「内側」に探してみることです。

「人のため」と考え、反省を繰り返しながら「つながり」と調和していくことで、ビジネスや人生は良い方向へと転がっていくようになります。

原因を自分の中に探す癖ができると、今までに見えなかったものが見えるようになります。

思いもよらなかった問題点や解決策が、頭の中に浮かび上がってくるようになります。

ビジネスで言うPDCAサイクル（Plan↓Do↓Check↓Action の4段階を繰り返して品質改善や業務改善などを継続的に行う方法のこと）を、苦もなく回せるようになるので、改善や改革がうまくいくようになるのです。

また、人間関係をより深めたり、広げたりできるようにもなります。

「すべては関係し合い、中心も孤立もない」

「あらゆる人間は平等で、それぞれが最高である」

このことがわかれば、あなたはけっして孤独ではないことに気づかされ、調和の中で幸せな人生を歩んでいけることでしょう。

あなたが優柔不断なのは、法則を知らないからだ。

判断できなくて苦しい、悩みが絶えないとき、
法則に立ち返れば、正しく見て考えられるようになります。

あなたが苦しいときや迷ったときは、エネルギーの法則である「人のため、正しく、仲良く」に立ち返れば大丈夫です（これは第1～3章で扱った、「利他、反省、調和」に相当します）。

ビジネスにおいても、人生においても、法則に常に立ち返り、身の処し方を決めればいいのです。

そうすれば、どんなビジネスも成功しますし、どんな人も必ず幸せになります。

物理学の世界では「あらゆる現象はすべて原因と結果という因果律に支配される」という法則があります。それは人生やビジネスにおいても当てはまります。

原因が、あなたと「つながり」のある諸条件を経て、結果になるのです。

とはいえ、法則を頭で理解していても、「人として正しいことを選ぶべき」と知っていても、実際の行動に移すのは難しいかもしれません。

ですから、「できる、できない」はいったん横に置いて、まずは頭で理解してください。

自分の考え方が少しでも変われば、その後の行動が変わり、行動の結果も変わり、人生そのものがよりよくなっていくからです。

「自分の人生は自分次第」という当たり前の事実が実感できるようになるからです。

そして、他人に「変わってもらうこと」を期待するのではなく、「自分で自分の人生を切り拓いていこう」と、人のために、能動的に生きられるようになります。

私がサイゼリヤ1号店を始め、お客様が少なく、苦しみ抜いていたとき、うまくいかない原因を、最悪の立地、入口をふさいでいる八百屋やアサリ屋など、すべて環境や人のせいにしていました。

この出来事から学び、反省したとき、私は気づいたのです。**熱エネルギーの法則が示すように、エネルギーは、高い（熱い）ほうから、低い（冷たい）ほうへと流れるのではないか、と。**

つまり与えることで、みんなに喜んでもらうことこそが、この世の真理なのではないか、と。

それから心を入れ替えて、どこよりも安くておいしい料理を出すことが「人のため」

になると考え始めたら、サイゼリヤは大きく育っていきました。

心を変えただけで人生が激変し、拓けていったのです。

本来、誰もが分け隔てなく幸せになれるよう、この世に生を享《う》けています。

ですが、法則をまったく知らない人が多いので、いつまで経っても「自分中心」から抜け出せず、不幸のままでい続ける……。これほど惜しいことがあるでしょうか。

そもそも、迷いと苦しみは同義ではないかと私は見ています。

どんな人にとっても、迷う必要がない状態は、非常にシンプルで、幸せです。

反対に、迷ってしまう状態は、苦しみでしかないでしょう。

ですから、もしあなたが迷ったときは、法則に沿って選択をするようにしてみてください。そうすれば、人生において迷うことはもうありません。

心に安寧が訪れることでしょう。

法則通りに生きていると、突如「核分裂」が起こる。

本当に「人のため」になるビジネスなら、広告や宣伝は不要。必ず口コミで爆発的に広がっていきます。

私は今までに何度か「核分裂」のようなスパークを経験しています。瞬間的に莫大なエネルギーが生じて、世の中にムーブメントが起こること。手掛けた商品やサービスが大ヒットすること。それがここで言う「核分裂」の意味です。

「振り返れば、あれが我が社（私）が引き起こした〝核分裂〟だった」どんな組織（人）でも、後からそう気づくことがきっとあるはずです。

重要なのは、核分裂とは「法則通り」の正しい行動を積み重ねた結果、突如として起こる点です。

いったいどうすれば、核分裂を招くことができるのか。サイゼリヤの例を挙げながら、見ていきましょう。

「核分裂」とは物理学の用語で、「原子核が壊れる」とも言われます。

この核分裂がごく短い時間に次々と広がると、瞬間的に莫大なエネルギーが生まれます。核分裂の代表例といえば、ウラニウムの分裂でしょう。これは原子力発電にも利用されています。

この「瞬間的に莫大なエネルギーが生まれる」という物理学の現象が、ビジネスにおける「大ヒットする」「急成長する」「大人気になる」状態と酷似しているのです。

私がサイゼリヤ1号店で火事を出し、同じ店舗で再出発をした時期のこと。相変わらず客足には恵まれませんでした。

しかし私はエネルギーの法則に沿って、お客様のことを第一に考え、価格を7割引きに設定しました。

次に、入り口をふさいでいた八百屋とアサリ屋を生かそうと思い、レタスを使ったサラダと、ボンゴレビアンコ（アサリの白ワインパスタ）をメニューに加えました。すると彼らが店頭で客引きしてくれるようになり、突然、大繁盛し始めたのです。

これが、私の経験した初めての核分裂です。

お客様があまりに来るので、料理を食べられない人が出ないように、隣にも店を出しました。そんなことを繰り返し、国内外に出店し続けているうちに、１５００店舗以上になりました。

これは、目の前のお客様や従業員、階下の八百屋、アサリ屋の人たちなどとの「つながり」からエネルギーが伝播して、見えない力が味方してくれたおかげです。

なじみのある言葉で言うと、口コミの力が、私たちを後押ししてくれたのです。

「今の時代、口コミなんて大した数にはならないでしょう?」

よくこう聞かれるのですが、とんでもありません。多くの人が、口コミのすごさを少なく見積もりすぎています。ここで試算をしてみましょう。

もしあなたが、サイゼリヤで食事をして「安くておいしかった」と感じたとしましょう。親しいお友達2人に「サイゼリヤ、良かったよ」と口コミで良さを伝えた場合、どれくらいの勢いで世の中に伝播していくか、考えたことはありますか?

さまざまなシチュエーションがあると思いますが、ここでは「口コミ＝1人が2人に良さを伝えること」として計算をしてみますね。

あなたがAさんとBさんに喜びを伝え、AさんとBさんがそれぞれ2人に喜びを伝え……という口コミが仮に50回繰り返されると、何人になるでしょうか(「50回」というと非現実的に思われるかもしれませんが、実際はそうでもありません。ＳＮＳ隆盛の時代ですから、たとえば「知らない人のＳＮＳ投稿を自分のタイムラインで偶然見て、サイゼリヤの評判に触れた」という例も多いのです）。

数式化すると「２×２」という2乗を50回繰り返すことになります。これはパソコンなどでも計算できるので、実際にやってみてください。答えを申し上げると、２の50乗とは「１１２５兆８９９９億６８４万２６２４」になります（前にも１５３ページで「２の10乗」「２の20乗」……というお話をしましたね）。

そして、地球の人口を80億人とすると、１４０７３７・４８８３５５……。つまり地球上の全人口の約14万倍に伝わることになります。

つまり、たった１人の善意のつぶやきが、自然に広がっていって１１２５兆人に伝わり、「私もサイゼリヤに行ってみようかな」と行動を促すのです。

私たちは広告宣伝費を一切かけていませんが、お客様はサイゼリヤに足を運んでくれています。エネルギーの法則に沿っていけば、そんな出費は必要ないのです。

私はサイゼリヤを、「安くておいしかった」と人に伝えてもらえる店にしたいと考えています。

本当に安くておいしければ、それを伝えることは「人のため」になります。そしてそれを伝えてくれた人にも、「いいことをしたなあ」と幸せになってもらいたいのです。料理が安ければ、使わずにすんだお金を別の人のために使うこともできます。**サイゼリヤが努力をやめないのは、こうした幸せの連鎖が起こる起点になりたいからなのです。**

このような核分裂を起こすには、自分の儲けや都合を中心に物事を考える姿勢から脱却することです。

「自分中心」の生き方には、限界があります。それはやはり、エネルギーの法則に反した生き方なのです。

より多くのお客様に喜んでもらう。それが本当に正しい商売の姿勢であり、あるべき生き方なのです。

あなたが恐れる死は、進化の通過点なのかもしれない。

肉体と精神の相克は、永遠に続きます。今生が終わっても精神は次の体で再スタートするからです。

あなたは、死ぬのが怖いですか？

もし怖いと考えているなら、まだ自分中心で考えているのかもしれません。

私は20代のとき、一度死にかけています。サイゼリヤ1号店で火事を出した際、お客様と従業員を避難させようと最後まで店に残り、２階から飛び降りて一命を取り留めたのです。そこで命を落としていても、まったく不思議ではなかったでしょう。

今でも、あまり死を恐怖だと感じることはありません。少し独特かもしれませんが、私の死生観についてお話しさせてください。

死が怖くない理由。それは私自身が、あらゆる物質を存在させ、生かしている「大いなるエネルギー」の一部だからです。

したがって、エネルギーの意志と同調し、法則に沿って生きていくことが、人生最大の目的であると考えています。

すべては変化し、調和や平等に向かっている。

すべては最高の状態で関係し合い、中心も孤立もない。

エネルギーの意志と同調し、法則に沿っている限り、目の前に起こることはすべて最高で正しいのです。それは死すらも例外ではありません。

ですから、私は肉体の死を迎えることについて、恐れも悲しみもしないつもりです。

そもそも、なぜ死を恐れるのでしょうか？

そこにあるのは、死の間際に苦痛や不快さを被ることが嫌だったり、贅沢や快楽を味わえなくなることが悲しいという気持ちだったりします。

中には「莫大な資産を使い切れていない」など、自分中心としか言えない理由も想定されます。

富や地位や名声のある人ほど、それらを手放すことが惜しく、死を恐れる傾向が強いのかもしれません。その苦しみは、他人事ながら察するに余りあります。

それは、「自分の今の肉体が終わること＝自分という存在がなくなってしまうこと」と捉えているからです。

反対に、富も地位も名声もなくても、エネルギーの意志と同調して「人のため」と生きている人であれば、死によって自分の今の肉体が終わることに、特に未練はありません。

それよりも、人の役に立つことや、社会全体を良くすることに関心があるからです。たとえ余命わずかだとしても、それは法則と「つながり」の中で起こっていることだとわかれば、怖くありません。

死を受け入れ、安らかな眠りの中で旅立つことでしょう。**最期まで仲間に温かく囲まれ、「ありがとう」とお礼を言い合いながら、「最高の人生だった！」と笑顔で幕を引けるでしょう。**

なぜなら、そのような人は「自分の肉体が滅んでもいい。それは最高のことなんだ」という思いが、はっきり自覚していなくても心の根底にあるからです。

「人のため」を徹底して生きると、最終的には私利私欲を離れた境地に至ります。

自分の楽しみや利益よりも「人のため」を優先できると、死を1つの通過点として捉えられるようになるのです。

そもそも「死」について悩みすぎる必要などありません。

人は、最も周りの人の役に立つタイミングで亡くなるようにできています。たとえば、子どもの自立を促すかのように、親が亡くなることがあります。

「母があの時期に亡くなったから、私は今、自分の力で生きていられる」と思えるように、エネルギーの意志が差配してくれています。

だから「あのとき仕事で、父の死に目に会えなかった」などと悔やむ必要はないのです。人生で起こることはすべて最高で、これ以上のものはないのですから。

親の死とは、一番「子どものため」になることでもあるのです。


人生は、「人のため」の精神と、「自分中心」の肉体との戦いです（89ページ参照）。

このとき、精神が100％優位になることはありえず、51％を目指すべきだと言いました。

ところが、肉体が死を迎えると、「自分中心」の肉体が姿を消すので、100％「人のため」になるというわけです。


そう考えると、「死」以上に「人のため」になるものはありません。

そのため、「死」はその本人にとっても、まわりの人々にとっても「自分のため」を脱却し、進化する手段なのかもしれないと、私は考えています。


私が死を恐れない最大の理由は、実は「死」というものは存在しないからです。

その根拠は、アインシュタインにあります。

アインシュタインは、質量とエネルギーの関係を解き明かした人です。有名な「E＝mc^2（エネルギー＝質量×光速度の2乗）」という公式を見聞きしたことがある人もいるかもしれません。

「E＝mc^2」とは、彼が「特殊相対性理論」から導き出した世界一有名な公式で、質量とエネルギーの「等価性」について解かれています。

簡単に説明すると、次のようになります。

わずかな物質にまで、膨大なエネルギーが秘められていて、物質からエネルギーを引き出すことができる（例：原子核が分裂する「核分裂」や、原子核同士が融合する「核融合」）。

反対に、エネルギーから物質を生み出すこともできる（例：粒子同士を衝突させて物質のおおもとである素粒子を生み出す「加速器」)。

つまり、物質とエネルギーは等価で、交換可能だということです。

これを私たち人間の「肉体の死」に当てはめて考えてみましょう。

アインシュタインの特殊相対性理論によって、質量はエネルギーとして表すことができます。そして、エネルギーは変わることがありません(エネルギー保存の法則)。

ということは、人の肉体が死を迎えたとき、その人が持っていたエネルギーは(形は変わるかもしれませんが)、宇宙のどこかに存在し続けることになります。エネルギーは、増えも減りもしないことを考えると、人は姿を変えて「生きて」いるのです。

私が「死」は存在しないと考えるもう1つの根拠は、DNAです。

DNAを分析すると、そこには進化の軌跡を残した人間の設計図があることがわかります。今の私たちの生が、未来につながっていることを自覚できるのです。

ということは、「肉体」という物理的な存在が「DNA」という情報的な存在に変わり、宇宙のどこかに存在し続けるのではないでしょうか。つまりその人が積んだ経験や、学んだことや体得したことは、ずっと残り続けるのです。

そして、DNAは「つながり」の中で次の親に宿り、その結果としてこの世に生まれ、それを繰り返すことによって、進化していく。これが法則から導き出した、私の死生観です。

「今の肉体の死」が進化の手段であり、通過点でしかないなら、死は恐れるに値しないのかもしれません。

とはいえ、今の人生で、今の肉体があるうちに、やりたいことをやり遂げたいもの。精神の進化や成長は、今の肉体の死とともに止まってしまうからです。

次に生まれ変わったとき、おそらく、今までの精神の成長がリセットされた状態で次の人生が始まります。今の人生に全力投球するためにも、よりよい方向に日々の言動を寄せていき、「今、人のためにできること」をコツコツと行っていきましょう。

迷信はあなたを救わないが、法則はあなたを幸せにする。

あなたの内側には、潜在的にとてつもない力が備わっています。

人のため、正しい方向に力を使いましょう。

景気が悪化したり社会情勢の先行きが不透明になると、皆、不安を感じます。

「世の中は不安定だし、自分の将来にも確たる自信が持てない」

そんなとき、自分の外側に心の拠《よ》り所を求めてしまう人は多いようです。


何かの修行をしたり、何か迷信を信じたりすることで、心の平安を取り戻せる人もいることでしょう。そんな人を頭ごなしに否定したいわけではありません。

ただ、自分の心を根本的に満たしたいのなら、「まずは法則に沿った生き方をしてみませんか？」というのが、私からの提案です。

ここで言う「法則」とは、今までお話ししてきた「エネルギーの法則」を指します。

「迷信」ではなく「法則」こそが、人を幸せにしてくれる。

この考え方の根拠は次の通りです。

- **迷信……自分の外にしか存在していない**
- **法則……自分の内にも外にも広がっている**

地球上にはさまざまな教えが存在しますから、一括りにしてお話しすることは難しいかもしれません。とはいえ一般的に、あらゆる迷信というものは、自分の外に存在するもの、と解釈してよいでしょう。

たとえば「○○様、お助けください」というような言葉は、外側にいる誰か、何かに助けを求めているということ。

自分の外にいくら助けを求めても、不安や苦しみは完全にはなくなりません。なぜなら、助けてもらえないのではないかという不安や、助けてもらえなかったら、見放されてしまったらという苦しみを感じるからです。

それより、あなた自身が、法則に沿って「人のため」の行動を積み重ねるほうが、あなた自身のためにも、世のためにもなります。

それに、「人のため」なら「何に救いを求めるか」などと迷うこともありません。とてもシンプルで、わかりやすいのではないでしょうか。

「エネルギーの意志」もそれを望んでいるはずです。

エネルギーの意志とは、すべての物質の最小構成要素である素粒子を存在させる力のことで、すべての「つながり」を生かす力になります。

エネルギーが目指している方向は、調和と平等です。

私たち人間も、その大いなるエネルギーの一部です。

そもそも、宇宙における物質や生命の誕生、そしてその進化の過程は、エネルギーの意志によって促され、進められてきたと私は捉えています。

そのように解釈をしないと、宇宙のビッグバンも、人類の進化も、説明がまったくつかないからです。今なお、この世のすべてが進化発展を続けているのも、もちろんエネルギーの意志によるものです。

エネルギーの意志は、あなたを生かし、守り、導こうとします。

そして私たち一人ひとりの運命は、エネルギーの意志と同調するか、反発するかで決定すると言っても過言ではありません。

私は今まで、それに沿って生きていくことで、人や社会のためになる正しい判断がかろうじてできているのではないかと感じています。

エネルギーの意志とは、「つながり」のこと。私たちの外側と内側を区別せず、あまねく広がっています。

つまり私たちも、エネルギーの意志の一部です。ですから、私たちには未来を描く能力や、それを行動に移していく能力も備わっています。

そして私たちはエネルギーの意志が生み出した「法則」に沿うことで、新たな可能性を実現させることができます。

あなたも自分の内側にあるエネルギーの意志の力を自覚し、歩み始めてみませんか。

それこそが、「人のため」に生きることなのです。

おわりに

この本をつくっているとき、私は大きな過ちを犯してしまいました。

出版社の方々と打ち合わせをしているときに、「きっとこの本は売れるよ」と言ってしまったのです。

少しは皆さんの役に立てる内容にはできそうでした。

また、以前に出した『サイゼリヤ おいしいから売れるのではない 売れているのがおいしい料理だ』(日経ビジネス人文庫)も、思いのほか売れているようでした。

そのため、「きっとこの本は売れるよ」と言ってしまったのです。

打ち合わせが終わった後で、私は猛烈に反省しました。

この本が売れるかどうかを決めるのは、私ではありません。

「きっとこの本は売れるよ」という発言は、自分中心です。

その傲慢さは、伝えたいメッセージと相反していますから、その矛盾が私も気づかないところに表れて、人の心を動かさない本になってしまう可能性があります。


何よりも、その自分中心な態度は、調和に反します。

かかわりあい、影響し合っているこの世界の在り様に逆らったところで、物事がうまくいくはずがありません。仮にうまくいったように見えても、必ずどこかに歪《ゆが》みが生じているので、誰かが不幸になってしまうかもしれません。


「人のため」と考えるならば、順序を間違ってはいけません。

まずは読む人のことを思って、皆さんの人生やビジネスがよりよくなることを願って、みんなで良い仕事をする。

その結果として、良い本が出来上がる。良い本だからこそ、多くの人に読まれて、読んだ人の人生やビジネスが良くなって、その結果として売れていく。

それこそが正しい順序であり、「人のため」という考え方なのです。

私は反省し、次の打ち合わせでは、出版社の方々に、私が間違っていたことを認めて謝りました。


「人生で一番の幸せは、反省ができること」

これが、今の私が最もお伝えしたいことです。


反省をするには、責任を持って行動することが大前提になります。

つまり、反省ができる人は、何らかの行動ができた人なのです。


自分の思いを行動に移せる人は、実は圧倒的に少数派です。

頭で理解するだけで、満足してしまう人のなんと多いことか。

ですから、「行動」には非常に大きな価値があります。


もちろん、行動には失敗がつきものです。

でも、それでいいんです。失敗、反省、失敗、反省……。そんな「繰り返し」の先には、必ず成功と幸せが待っています。


幸せとは、無限の人格の成長です。

残念ながら、けっして完成することはありません。

3歩進んで、2歩下がる。4歩下がってしまっても、また3歩進んでいく。

ほんの少しだけ進化していることに、安らぎと喜びを感じている。

そのとき、不安は消えています。


ビジネスも、人生も、あなたを進化させてくれる場。

お客様や上司、部下、同僚、家族、友達など……その登場人物は、全員があなたの心を正しくし、高めてくれる存在です。

うまくいかないとき、苦しいとき、それは「自分中心になっているぞ、気づきなさい」というサインなのです。

人間の本性は「自分中心」ですから、明日も「人のため」と生きられるかどうかは、誰にもわかりません。

すべてが目まぐるしく変化していく中で、唯一確かなものは、今この瞬間だけ。


だから私は、反省をするのです。

少しでもまともな人間になりたいと思っている私が唯一、自分が正しい方向に向かっていることを確認できるのが、反省しているそのときなのです。

それを幸せと言わずして、何を幸せと言いましょうか。


反省をした瞬間に迷いがなくなり、精神は必ず成長していきます。

日々、反省の階段を上がっていきましょう。


もちろん私も常に反省、反省です。

反省には、実は2種類があります。

1つは、人に対する言動についての反省です。嘘をついてしまったり、ごまかしてしまったり……やってしまったことなど、行いに対するものです。

2つ目は、自分の心のあり方についての反省です。エネルギーの法則に沿った「人のため、正しく、仲良く」という考え方、心のあり方だったかを、振り返ります。

肉体を持って生まれた以上、自分中心の考え方にならない人など、この世に存在しません。

ですから、私たちは命ある限り、常に反省し続けることになります。

でも、それがいいんです。

それが「人が幸せに生きる」ということです。

ここまで読んでいただくと、今まであなたが抱えていた悩みや心配などは、すでに吹き飛んだのではないでしょうか。

悩みや心配などと無縁の人などいません。

うまくいかないし、思い通りにならないのが人生の本質です。

この世は、そのようにできているのです。

だって、何でも思い通りになってしまったら、反省をする機会がなくなってしまいます。

「何でも思い通りにいく」ということは、精神の成長が期待できないばかりか、唯一思い通りにならない老いや病気、死が恐ろしくなってしまうので、ある意味とても不幸なことなんです。


さあ、現実の世界を歩んでいきましょう。


本書は「自分中心」になりがちなあなたにじわじわと効く、漢方薬のようなものです。副作用はないのでご安心ください。

時間はかかるかもしれませんが、あなたを体質から確実に変えていきます。

本書の主成分は、私が身近な「つながり」の中で見つけた、拙《つたな》い経験法則です。とはいえ科学的な態度は崩していませんから、どんな方にも再現性があるものだと自負しています。

この本は、サイゼリヤの従業員に話す口調で書かせていただきました。そのため、読者の皆様にはわかりにくいところもあったことでしょう。どうかご容赦ください。

宇宙と人間の愚かさは無限大だ。宇宙については確かではないが。
——A・アインシュタイン

あなたがよりよい人生を歩むきっかけとしていただければ、著者として望外の喜びです。

正垣泰彦

参考文献・資料

●書籍

『サイゼリヤ おいしいから売れるのではない 売れているのがおいしい料理だ』正垣泰彦　日経ビジネス人文庫

『サイゼリヤ革命　世界中どこにもない“本物”のレストランチェーン誕生秘話』山口芳生　柴田書店

『フードサービス業チェーン化入門』渥美俊一　柴田書店

●雑誌・新聞記事

『地方からこの国を変える ニッポンの社長③埼玉県　正垣泰彦』樽谷哲也　文藝春秋 2021.1

『特集 死中活あり　最悪の時こそ最高である　サイゼリヤ会長 正垣泰彦』致知 2021.12

『【基調講演】サイゼリヤの成長の軌跡～飲食業から産業化への軌跡 アフターコロナの外食産業とは～正垣泰彦』日本フードサービス学会年報 第26号

『HISTORY 暮らしを変えた立役者 「サイゼリヤ」創業者 正垣泰彦氏』日経 MJ（流通新聞） 2018.4.4 ～ 5.18

『特別企画 未来を担う若者に託す経営論　正垣泰彦氏［サイゼリヤ会長］』日経トップリーダー　2015.1

● WEB

『【証言】激安サイゼリヤ、異質な「サプライチェーン」の謎』NewsPicks　https://newspicks.com/news/4578171/

『日本のリーディングカンパニー2024』株式会社マイナビ　https://jobebook.mynavi.jp/library/24/leading/html5.html#page=413

正垣 泰彦（しょうがき やすひこ）

サイゼリヤ創業者。1946年兵庫県生まれ。67年東京理科大学在学中にレストラン「サイゼリヤ」開業。68年の大学卒業後、イタリア料理店として再オープン。その後、低価格メニュー提供で飛躍的に店舗数を拡大。2000年東証一部上場。2009年4月、社長を退任して代表取締役会長就任。著書に『サイゼリヤ おいしいから売れるのではない 売れているのがおいしい料理だ』（日経ビジネス人文庫）がある。

サイゼリヤの法則《ほうそく》

なぜ「自分《じぶん》中心《ちゅうしん》」をやめると、ビジネスも人生《じんせい》もうまくいくのか？

2024年３月22日　初版発行

2024年７月25日　４版発行

著者　正垣泰彦《しょうがきやすひこ》

発行者　山下直久

発行　株式会社 KADOKAWA

〒102-8177　東京都千代田区富士見2-13-3

電話0570-002-301（ナビダイヤル）

印刷所　TOPPAN クロレ株式会社

製本所　TOPPAN クロレ株式会社

●お問い合わせ　https://www.kadokawa.co.jp/（「お問い合わせ」へお進みください）

※内容によっては、お答えできない場合があります。

※サポートは日本国内のみとさせていただきます。

※ Japanese text only

定価はカバーに表示してあります。

ISBN978-4-04-606685-5 C0030

カバーデザイン　井上新八

本文デザイン　二ノ宮匡

編集協力　山守麻衣

著者写真　田中達晃（Pash）

校正　山崎春江

DTP　三協美術

編集　小林徹也